无趣的经济学教育？ /李俊慧

经济学在古典时期曾被戏称为“无趣的科学”，但今天的经济学教育要是放到那时，恐怕这评论要改为经济学是“无趣的学科”。

我的一位朋友去牛津大学做访问学者，她为了解牛津大学的经济学教学状况，打算去旁听经济学的课程。英国人听了就是一愣，说：“没有人会想去听这么沉闷的课，为什么你想去？”经济学怎么会是沉闷的课？抱着这样的疑惑，她走进了牛津大学的经济学课堂，上了几分钟她就明白了。经济学老师像是数学老师一样，满堂只是在证明数学。而学生则只顾得上埋头把老师的板书抄下来，多半都没听懂。

然而，别误会了，现在的经济学教学变得如此无趣，可不仅仅是因为上课的老师其实是在讲数学。我曾经给学生上“宏观经济学”，学院指定教材使用曼昆的《经济学原理》。这本大名鼎鼎的入门教材，自然没什么数学，连微积分都刻意回避了。然而，我一边上，一边就暗暗感叹：真是沉闷无趣啊！就以利息理论为例，它没有向读者解释为什么会有利息的存在，而只是告诉你一条最简单的折现公式，然后作业就是反复地把现值、未来值、折现率这三个量倒腾来倒腾去，其丰富的经济含义则完全欠奉。

终于有一天到了忍无可忍、不吐不快的地步，我向那个班的同学说：“这本教材实在是肤浅，我觉得用这教材上课真是无聊极了，你们听课也觉得很无聊吧？其实我很想讲正确的经济学，而且因为它能真正地解释精彩纷呈的真实世界，所以经济学其实是可以很有趣的。你们来决定吧：或者继续像以前那样按着这本教材上课，或者听我讲正确而有趣的经济学。”一个男生在问了“为什么教材上的经济学是错的？为什么外国人还学这些错误的东西”之后，振臂高呼：“那就让我们学习正确的经济学吧！以后我们出去就能把这正确的经济学教回给外国人！”接着，是民主投票（笑），其实就是举手点算两种选择的支持人数。最后，班长宣布结果：“我们要听老师讲正确的经济学！”

把实为有趣之极的经济学教得如此沉闷无趣，当今的经济学教育是何其悲哀！

（作者系中山大学经济学博士）

经济学家茶座

总第六十八辑

卷首语

国是我见

学界万象

学问聊斋

生活中的经济学

经济随笔

经济评论

经济阅读

经济史话

他山之石

图书在版编目（CIP）数据

经济学家茶座. 第68辑/
胡长青主编.
—济南：山东人民出版社，
2015.8

ISBN978-7-209-09163-3
Ⅰ.①经… Ⅱ.①胡… Ⅲ.①经济学-文集 Ⅳ.①F0-53

中国版本图书馆CIP数据核字
（2015）第190653号

山东人民出版社出版发行
济南市胜利大街39号
邮编：250001
http://www.sd-book.com.cn
编辑部电话：（0531）82098903
Email:chazuo8903@126.com
QQ群：311957096
微博：weibo.com/sdpress
发行部电话：（0531）82098027
82098028
邮购电话：（0531）82098021
山东临沂新华印刷物流集团印装
2015年8月第1版
2015年8月第1次印刷
169毫米×239毫米　16开
11印张　160千字
邮发代号：24-180
定价：18.00元

国是我见

为什么“不患寡而患不均”？ / 徐康宁

皮凯迪的《21 世纪资本论》能够在美国和其他地方（包括中国）走红，原因不止一个，但书的主题无疑是一个社会焦点：收入分配以及分配不公。

一、“不患寡而患不均”是一种普遍性社会心理

“不患寡而患不均”的社会心理由来已久，并关系到国家安危与社会稳定。从时间上看，“不患寡而患不均”出自两千多年前的《论语》。《论语》中是这样说的：丘也闻有国有家者，不患寡而患不均，不患贫而患不安。可见，在孔子之前，无论是为国者还是为家者，早就有患不均甚于患寡的心理。

古代的朝代更迭、造反起义，常常是一方政治领袖利用分配少者对占分配多者的不满，瞬间星火燎原，换了江山。所以，历朝历代除了昏君外，统治阶层都比较重视社会分配问题。可是，收入分配的问题又极其复杂，这其中既折射人类自私本能的一面，又关系到错综复杂的利益集团，非一把尺子就能理顺。

当代社会人们更是“不患寡而患不均”，大家自然关心自己的收入增加了多少（但很少有人满足增加的幅度），更加在意自己是属于哪一类收入阶层。和 100 年前相比，今天美国靠工资生活的阶层实际生活水准不知高了多少倍，但在财富依旧集中在少数人手中的事实面前，照样发生了“占领华尔街”和大量 99%（指除最富有的 1% 人以外的绝大多数民众）抗议 1% 的街头活动。所以，当皮凯迪在他的书中指出，与 1910 年相比，2010 年美国收入分配不均的状况有过之而无不及，在英国、法国和德国，2010 年资本财富大于国民收入的倍数比 100 年前还要高，已经接近于工人运动风起云涌的 19 世纪时，这部书想不红也不可能了。尽管许多经济学家站出来说皮凯迪的计算有问题，但这一著作却早已成了当下最畅销的书。

中国人对收入分配的认知和不满更是有自己特殊的情感宣泄，“端起碗来吃肉，放下筷子骂娘”就是这种宣泄的写照，且由来已久。随着代际更新，年轻一代较少有新老时代生活差距的感受，更加关注当下的社会分配和自己属于哪个收入阶层。当政

府公布居民收入增长多少，人均可支配收入达到一个可观数字时，很多人的感觉是自己的收入“被提高”或“被平均”了。一个有点搞笑但很流行的短信内容说明了社会对这个问题的关注：如果你的家庭全年收入不足10万元，是特困家庭；若在10-20万之间，属于贫困阶层；20万-40万之间，属于小康；40万-80万，才算中产阶级；80-200万，才是富裕家庭，只有年入200万元以上的才是真正的富人。

二、为什么大家都不满意自己的收入？

家庭年收入10万元以下算不算特困家庭？这一定是一个见仁见智的问题。按照官方数据，困难家庭收入肯定低于这个标准，但百姓有自己的理解和感受，很多人会认同这个标准。就像美国每年都会公布贫困人口数字，但认为自己是穷人的群体会大大多于政府公布的数字。

当你不满意你的收入时，一定是社会上有很多人的收入比你高，而且他们确实又生活得比你好，尤其是这些人中未必就一定会比你有本事。所以，当社会新闻爆出垄断企业的一个收发报纸的员工也可以拿十几万年薪的时候，不满意自己收入的感觉也就挥之不去了。

一些知识分子常与20世纪50年代同行的收入对比，称60年前的高校教师或工程师一人的收入可以养一大家子，而今天即便一家有两个大学教师，生活也未必富裕，等等。其实，收入的高与低还是更多来自于感觉，未必代表实际的生活水准。

我这里有一份资料，清楚地显示那个年代大学教师的收入标准。1956年，当时的教育部用文件的方式规定了大学教师的工资标准。教授和副教授的工资从1级到6级不等，分别为345元、287.5元、241.5元、207元、177元、149元，相当于行政6级至14级的工资标准，一级教授大致相当于部长的工资（适用于江苏等地）。直到20世纪70年代末，上述标准依旧算得上社会上的高工资。记得我上大学时，班上一位同学的母亲就是大学副教授，工资149元，其父亲是12级干部，所以家境超过班上其他所有同学。

不过，用今天的眼光看，那时大学教授的优越生活，也不过是每天有荤食、衣着有毛料，买得起进口瑞士表，银行有存款，出门坐得起火车软卧或轮船二等舱。除了那些新中国成立之前就声名显赫的大牌教授，一般教授的生活与今日教授相比并不会好到哪里去。至少在住房宽裕程度方面，那时的教授可能还比不上今日的教授。笔者上大学期间（20世纪70年代末）数次去过班上那位家境优越的同学家里，感受不可谓不深。同学家是南京市区的一座二层小楼的一半，楼下住了三户人家，楼上仅他一家居住，也就是说，他们一家的面积是楼下三家之和。记得同学家里共有四个房间，还有一间经过改造的起居室，在那个年代简直是豪宅中的豪宅了。同学家住房标准之高，不是因为同学母亲的副教授高级职称，而是因为其父亲的行政级别和资历。若以今天的眼光看，三十多年前的豪宅也只有 100 平方米左右，并不算非常宽敞，且没有煤气、暖气，内部装修也很简单，今天大学教授（指正教授）至少有一半的居住水准在其之上。笔者曾经住过的一幢房子，20 世纪 50 年代就是一位三级教授的居所，面积也只有 106 平方米。

人们对自己的收入不满意是一种极其普遍的行为，这就有点像过去的文人常戏言的："文章总是自己的好，老婆却是别人的好。"说此话并不表明一定对自己的老婆不满意。可在现代中国，人们不满意自己的收入却是真真切切的，甚至很多人有不比从前的感觉。

个人收入的高与低或满意与否，是一种主观的判断认定，这种判断一定来自于具体的参照系，这个参照系就是社会上他人的收入。人们普遍认为 20 世纪 50 年代知识分子收入高，参照系是当时社会上大多数人的收入很低，所以一个大学教授的收入可以养一大家，外加一个住家保姆，讲究的大牌教授甚至可以雇一个厨子。以今天大学教授的收入水平，雇一个住家保姆难免有点吃力，雇一个专烧私房菜的厨子则完全是非分之想。今日大学教授的实际生活水平也许并不比 20 世纪 50 年代的同行差，但想到今天社会上随便一个金融领域的小经理的收入就可能超过自己，教授怎么会对自己的收入感到满意呢？即便那些名气很大、收入来源多元化的大牌教授，一年下来总收入按购买力算也许并不低于六十多年前的教授，甚至更高，但他们在外出挣钱（指在校园外）时难免心生"跑堂会"的感受，职业的社会地位还是今不如前。教授如此，社会上很多人也是如此。

三、"血比汗贵"，知识又几何？

计划经济时代，中国除了农民外所有的职业收入都是由国家来制定，当时军人的收入要明显高出地方。例如，20 世纪 50 年代，一个有十几年工作经历的科长月工资不过六七十元，但一个营长的月薪却在 100 元出头。工资标准制定者有一个原则，即"血比汗贵"，所以军队工资普遍高于地方工资。那时刚脱离战争年代不久，加上军官人数也不多，"血比汗贵"的工资标准原则顺理成章。渐渐地，部队军官的工资标准不大有优势了，可能原因很多，大概军官越来越多也是一个原因吧。计划经济时代的工资标准制定者还有一个原则，即知识还是有些价值的，其源头可能是来自权威政治经济学中关于复杂劳动与简单劳动关系的论述。

笔者的学习和工作时代差不多是计划经济与市场经济交叠共生的见证期，自然别有一番感受。我上大学时，拿的是助学金，收入远不及同龄人中的工人阶层。大学毕业后，第一年拿见习期工资，月薪45元，一年后“转正”（即工作转为正式）的月工资是55元，已经高出同龄工人阶层一截。在此之后，经历了一个此消彼长或彼消此长的漫长过程，我的收入最终定格在大概属于社会中等偏上的水准，无法与一些金融高管相比（因这些金融高管曾是我的学生，故对其收入有所了解），但应该还是在社会绝大多数蓝领之上。

今日社会的青年知识分子则会有另一番感受。大学里一个普通的讲师（博士毕业），若没有其他收入，一年的薪酬大约10万元，这个收入从生计而言不算低，但若拿到社会上去比就有点可怜，至少没有自豪感。不用去比那些高收入的金融部门，即使和蓝领工人比也不见得有优势。在南京这样的城市，你要找一个瓦工或电工到你家干活，不出400元一天是找不到人的，北京和上海的费用可能更高。今年春节后网络上吐槽的一条新闻是：北京建筑工人月平均工资9621元，秒杀白领。30年前，社会舆论曾经猛批过一种现象，即拿手术刀的不如拿剃头刀的，研制导弹的不如卖茶鸡蛋的（指收入水平），今天脑力劳动者收入不如体力劳动者的现象又重新出现了。

当今青年博士、大学讲师叫屈否？如是，社会理应同情。四年大学本科，外加三年硕士，至少三年的博士，累计十年以上的人力资本辛苦投入却没有在收入上得到足够回报。可是，今天之社会也有基本法则，即市场的法则。读多少年书和从事什么样的职业是个人选择的结果，基本上不存在信息不对称的情况。小学毕业的建筑工人收入高于已是博士的大学讲师，也是劳动力市场供求关系的结果，市场上愿意从事建筑劳动尤其是具有一定建筑技能的劳动力越少，市场就会付出越高的工资。一个房地产开发商曾经亲口对我说过，他根本不担心公司里的白领跳槽，因为他第二天就可以招聘到更多的白领，但他很担心出苦力的蓝领跳槽，因为不容易在市场上招到。

同理，公务员中的一个处长，若比工资薪水，可能还不如北京工地上的一个熟练建筑工。一个手中握有重权的官员，收入比不上社会地位基本处于最底层的建筑民工，黑色幽默？社会怪相？但这就是实际。可是，如果你在网上为公务员加薪振臂一呼，恐怕立刻就被网民骂死。

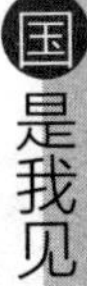

社会不能总让读书读到博士者收入比不过小学毕业者，也不能始终让掌握公权的处长在收入上显得很寒酸，但你又不能破坏市场的法则，那些一年拿十几万的建筑民工，社会上不是太多了，而是太少了。问题究竟出在哪里？

问题出在我们这个社会的收入分配体制已经出现系统性紊乱，出在行政权力之手与市场力量乱成一团，收入问题的背后有太多的复杂关系，说起并不轻松。

如果真的是市场力量在起作用，今天中国就不会有这么多无大用的大学，博士数量就不会这么多，自然就会值钱很多；好的职业学校、技术学校也会增加很多，熟练蓝领劳动的市场价格就会受到抑制，而且品质和效能更高。如果行政效能确实高出现在很多，则不会等到问题已经积重难返才慢慢出手解决。假如我们的行政效能高出一个等级，就不需要如此多的公务员和准公务员，公务员的收入标准也可以高出许多，就像今天的新加坡一样。

今天收入乱象之最大问题，还是在于政府权力与市场法则边界不清。本来应由市场决定的，结果被赋予了很多公权在其中。如许多垄断国企凭借公权参与经营，取薪则按市场标准，甚至亏损也无碍高管照拿高薪，自然很难服众。本来该由国家保证体面收入的一些职业，如科学家、教育家、艺术家，却又被推向市场，或从市场上部分解决收入问题，难免斯文扫地，甚至心意难平、旁门左道。

收入分配不公或多寡失理，自然带来很多问题，除了引发人们对现实不满外，一个直接的后果就是影响效率。一个人在缺乏激励的情况下，工作效率是不会高的，也不会激发出对职业的热爱。所以，今日大学里执教鞭者众，但真正热爱学术者寡，不排除有许多人出于对职业的清闲自由之考量而选择了从事这种职业。在没有足够的收入激励的情况下，可以想象这种职业效率的结果。如果你还是一味地跟公务员讲人民与公仆之间的关系，不给公务员一个可使之体面的收入水平，公务员在官样场合上一本正经地大讲公仆的责任，但私下场合即使不“权力寻租”，恐怕也会磨洋工的。高薪未必养廉，但低薪一定不养廉，这是一个很简单的道理。凡事真要做到实事求是，一切从实际出发，其实并不容易。

（作者系东南大学经济管理学院教授）

大病医保如何应对过度消费？ /封 进

大病医保是政府力推的一项政策，今年政府工作报告明确将继续完善大病医保制度，国家卫计委主任表示，今年大病医保报销比例将再提高10–15个百分点。大病医保从2012年开始在部分省试点，今年将扩大到所有省份。我国95%以上的民众都有了医疗保险，但普通医保的最高报销额度有限，一旦患有严重疾病，家庭仍然不堪重负。推出大病医保的目的是对重大疾病导致的高额医疗费用进行再次报销或提高报销比例。例如，2012年江苏大学周绿林教授就对江苏6个城市大病医保实施情况做过调查，高血压、糖尿病、恶性肿瘤放化疗这三种疾病的患病人数最多，排在前三位，对这三种疾病的报销比例分别达到71.80%、69.84%和79.17%，15种门诊重大疾病的平均报销水平为71.17%。大病医保切实减轻了患者及其家庭的医疗负担。

大病医保的运行却面临亏损的压力。由于医保运行具有很强的专业性，绝大多少地区都将大病医保的运行管理委托给商业保险公司。即便如此，大病医保仍然是一项政府主办的保险，不能像商业保险那样进行参保资格的核保，基本的缴费和报销政策也是由政府制定，遵循的是“收支平衡、保本微利”的原则。这两年的试点结果表明，保险公司在这项业务上可能都是亏损的。目前各大保险公司积极抢滩大病医保，主要目的还是在于先抢占市场，希望未来能从中寻找市场机会。大病医保人均筹资额40元，预计有10亿人参保，那么总的市场份额就有400亿。

有人指出，大病医保的人均筹资额过低，有些地方只有不到20元，要到达规定的报销比例，肯定是要亏损。国务院医改办对大病医保的财务平衡问题有过测算，平均每人每年缴费40元，大病保险可达到实际报销比例50%以上。但这一测算的依据并不清楚，而且可能并没有考虑到有了大病医保之后医疗需求的大幅上涨等因素。适当提高筹资额是需要的，但提高筹资额很容易陷入“筹资额增加——医疗费用上涨——收支缺口加大——再提高筹资额——费用再上涨”这样的恶性循环，而且会加重所有家庭的缴费负担，不是可持续的运营模式。

事实上，大病医保面临亏损有其内在必然性，原因是当前的报销规则设计未能考虑到道德风险因素。有了医疗保险之后，尤其是在医保报销比例比较高的情况下，病人对医疗费用变得不敏感，导致所花费的医疗费用比没有医疗保险的情况下大幅增加。而且因为病人有医保报销，医生也就比较容易采用较为昂贵的治疗方案。由此加重了医疗保险的负担。例如，我国台湾地区在 1995 年引入全民健保后，比从前无健保人群的就医比率增长一倍。我国大陆公费医疗和自费医疗的费用对比也说明了同样的道理，公费医疗中百人住院人次和门诊人次为 6.2 次和 4.1 次，而自费医疗中这两个指标只有 3.1 次和 2.6 次。当然，这其中有合理的成分，原来看不起病的人，有了医疗保险后，医疗需求得到了更好地满足，比如过去面临的是生重病后治不治的问题，现在面临的是能不能治好的问题。保障程度虽然高了，但不能排除其中有部分是不必要的费用，例如有研究对我国脑梗死 137 例病人治疗方案进行分析，发现不必要的药品总费用占到医疗支出的 12%。

各国医疗保险制度在设计时都会考虑到由此带来的过度消费，通常有两种措施，一是针对病人，采用起付线、自付比例等方法，尤其对于价格敏感度高的服务项目，如门诊治疗，采用比较高的自付比例，抑制医保带来的需求增加。医疗保障程度并不是越高越好，过高的保障程度难免带来浪费，影响到资源在其他方面的使用。第二个措施是针对医院和医生，改革医保对医院的支付方式，如采用按病种付费等预付制，预先给定某种疾病的医疗费用，这样一来，医院和医生反而要压缩实际开支，以此保留有较多的剩余，作为自己的盈利。尽管如此，医疗保险带来的消费增长依然是医保运行中如影随形的风险。

控制医疗费用依赖于医疗领域的综合改革，比如理顺药品和医疗服务的定价体系、改革医保支付方式等。但如何应对来自消费方的道德风险是大病医保中急需要完善的地方。目前大家对如何改革医院和药品流动讨论得比较多，都认为患者是医疗体系中的弱势群体，因而都不愿去强调如何约束患者行为。但实际上，这是不可回避的问题。

此处我们探讨一个新的制度设计思路，即通过报销规则设计，让消费者选择自己认为最合适的方案，从而在一定程度上抑制过度治疗。大病的种类各异，严重程度千差万别，其所需花费可以相差很大，不同消费者（患者或家属）对治疗方案偏好也各不相同。如果没有医保，消费者将根据其治疗效果与成本进行方案的选择，因为消费者实际上是要在医疗消费和其他消费间进行权衡，花在医疗消费上的支出多了，会影响到其他方面的消费。

医疗保险引入后，若全部由保险报销，面对高费用和低费用两种治疗方案时，大家都会选择高费用方案，因为不用自己花钱。现实中一般会有一个自付比例，限制过度消费。但统一的报销比例效果还是不够好，在这种情况下，高费用方案和低费用方案的自付比例是一样的，很多人还是会选择高费用方案。而且，很多情况下，医疗费用越高，报销比例也越高，这种安排进一步助长了人们选择高费用的治疗方案。

为此，可以采取另一种做法，即对选择高费用方案的人设定一个自付比例，而对选择低费用方案的人非但不要自付，反而还会有一定的补贴。这样的设计可以促使消费者按照真实的偏好选择治疗方案，只有那些真正偏好高费用方案的人才会选择比较昂贵的治疗方案。在我国大病保险支付中，大约有 80% 是用于肿瘤治疗。我们采用我国治疗肿瘤费用的实际数据，按上述思路进行的模拟表明，如果采用统一的报销比例，大约只有 4% 的人选择低费用方案，但若采用区别性的报销或补贴方案，大约有 11% 的人会选择低费用方案。这里的具体数字受到很多参数的影响，并不一定准确。重点是，大病医保设计中这一思路可以在一定程度上降低医疗支出。

这一做法可能会遭到公平性的质疑，实际上绝对的公平难以度量，也不可能做到，让消费者自己选择是相对公平的，前提是，医疗机构和医生应该尽可能充分地为消费者提供病情信息、各种治疗方案的信息。通过上述经济激励，让偏好低费用方案的人，更可能选择低费用方案，抑制小病大医的行为。同时，对偏好高费用方案的人提供一部分保险报销，减轻他们的医疗负担。对选择低费用方案的消费者选择给予现金补贴，从基金平衡的角度也是说得通的，正因为有他们的选择，总体医疗费用会有所降低，大家的医保缴费额都有所降低。

如何保障社会医疗保险的可持续运行是各国面临的难题。医疗领域新技术、新药品不断出现，为大病医疗提供了更多的选择，同时也推动了医疗费用的持续上涨，国内外研究都表明，技术进步是医疗费用上涨的最重要的推动力。在有限的资源下，既要能够减轻参保者医疗负担，又要保障大病医保制度的可持续运行，很难做到两全其美。通过差异化的报销和补贴政策，运用经济手段，让不同的消费者选择不同的费用方案，是值得进一步研究的制度安排。

（作者系复旦大学经济学院教授）

漫谈智库建设 / 荆林波

党的十八大以来，习近平总书记从推动科学决策、民主决策，推进国家治理体系和治理能力现代化和增强国家软实力的战略高度，就加强中国特色新型智库建设多次作出重要论述。2013年4月，习近平总书记就加强中国特色新型智库建设明确批示："智库是国家软实力的重要组成部分，随着形势的发展，智库的作用会越来越大，要高度重视、积极探索中国特色新型智库的组织形式和管理形式。"2013年11月中国共产党十八届三中全会上通过的《中共中央关于全面深化改革若干重大问题的决定》再次强调："加强中国特色新型智库建设，建立健全决策咨询制度。"特别是，2015年1月，中央又颁布了《关于加强中国特色新型智库建设的意见》，对加强中国特色新型智库建设的重大意义、指导思想、基本原则、总体目标和基本任务作出详细阐释。如今，我国各地陷入一股智库建设热中。

那么，什么是智库呢？

智库（think tank），过去多被翻译成"思想库"，就是各种智囊机构，又被称作"思想工厂"（think factory）、"外脑"（outside brain）、"脑库"（brain tank）、"智囊团"（brain trust）、"咨询公司"（consultant corporation）或"情报研究中心"（intelligence research center）等。最初，它是第二次世界大战期间美国为国防科学家和军事参谋提供的一种能够让他们在一起讨论战略问题的密室。《世界知识大辞典》将"思想库"定义为："思想库又称脑库、智囊团。一种为政府机关、企业、公司、社团提供研究咨询的智力劳动集团，一般由多学科、多专业的专家组成。"《大英百科全书》认为：智库是跨学科研究组织的研究所、公司或者团体，通常为政府和商业客户服务。

保罗·迪克森在1971年出版了第一部介绍美国智库形成与发展的专著——《智库》，他提出：智库是"独立的、非营利的政策研究机构"，它是一个永久性的实体，而非临时为解决问题而组成的研究小组或委员会，其目的是为政策而非技术服务的。美国思想库定义为：一种独立机构，其目的在于指导研究并生产独立的、与政策相关的知识。

詹姆斯·史密斯认为："在美国主流政治进程的边缘运行的私人的、非营利的研究型团体，介于社会科学学术研究和高等教育之间，以及政府和党派政治之间。”

耶鲁大学政治学安德鲁·瑞奇博士认为：智库是“独立的、没有利益倾向的非营利性组织，它们提供专业知识或建议，并以此获得支持，影响决策过程”。

加拿大思想库研究专家唐纳德·E. 埃布尔森认为，智库是“由关心广泛公共政策问题的人组成的独立的、非营利性的组织。”

在我国，对于“思想库”与“智囊团”存在着不同的认识。

根据百度百科的解释：智库即智囊机构，最初也称“思想库”，是指由专家组成、多学科的、为决策者在处理社会、经济、科技、军事、外交等各方面问题出谋划策，提供最佳理论、策略、方法、思想等的公共研究机构。严格意义上的智库是独立于政府机构的民间组织。智库的主要职能是：提出思想、教育公众和汇集人才。智库首先通过研究和分析形成新的政策主张，再通过出版书刊、举办各类交流活动、利用媒体宣传等方式，力图使这些主张获得公众的支持和决策者的青睐。

有的学者认为：“思想库”是指人们在社会实践中产生的理性认识（思想）的储备集合体；而智囊团则是指足智多谋、议政参政的群体。

我们认为，智库就是通过自主的知识产品对制定公共政策产生影响的组织。我们对智库概念的界定强调：

首先，智库是一种组织形式，不是个体。这是智库的组织要件，使得智库区别于个人行为，区别于中国历史上的“诸葛亮”、“智多星”、幕僚等个人英雄。

其次，智库必须有自主的知识产品。这里我们想强调智库是专业化的知识制造者，需要具备专业知识技能人员来开发创造新的产品。

最后，智库要对制定公共政策有影响。这是智库的核心功能。我们认为，对公共政策具有影响力，并不一定要被理解为具有特殊的政治意识形态倾向。正如兰德公司并不愿意给自己贴上“智库”的标签。它的网站如此解释：鉴于目前“智库”被理解为具有特殊的政治或意识形态倾向的组织，兰德公司不再使用“智库”标签。兰德公司强调它的核心价值观是质量和客观，我们注重的是事实与证据。

搞明白了什么是智库，那如何建设智库呢？

建设具有中国特色的新型智库，既是提升我国文化软实力的实际需要，又是实行科学决策、民主决策的实际需要，也是推进国家治理体系和治理能力现代化的迫切需要。要建设具有国际影响力、世界知名的中国特色新型智库，需要着力处理好以下六个关系：

第一，处理好基础研究与对策研究的关系。基础研究要解决“是什么”和“为什么”的问题，将复杂现实简化，抽出关键变量，找出它们之间的逻辑关系，并进行合理阐释。而思想库和智囊团——智库关注更多的是对策研究。对策研究则是解决“怎么办”的问题，需要超越基础研究，既涉及对政策的理解和把握，又需要丰富的实践经验和强烈的问题意识，并且重在寻求现实问题的解决之道。基础研究和对策研究之间是一种辩证发展关系，离开了基础研究，对策研究将缺少理论根基和科学依据，也就不可能深入和持续，难以具有真正的决策参考价值。因此，中国特色新型智库建设要理性，不能混淆基础研究和对策研究的关系。建设中国特色新型智库，必须坚持基础研究与对策研究并举方针，推出有客观依据、经得起实践和历史检验的原创性基础研究成果，使对策研究建立在深入扎实的基础研究之上。

第二，处理好科研考核与智库考核的关系。与第一点所对应，基础研究关注的是发表学术论文、出版专著等，而对策研究关注的是获得领导批示、有关部门的采纳，两者的考核体系不尽相同，平衡好对两类研究的考核，运用好考核这个指挥棒，才能充分调动各方面的积极性，使之参与到世界知名智库的建设中来。

第三，处理好练好内功与对外宣传的关系。练好内功是智库构建核心竞争力之所在，围绕经济社会发展重大问题和国际问题，开展全局性、战略性、前瞻性、系统性、综合性研究，推出现实性强、公信度高、影响力大的创新性理论观点和决策研究成果，为中央决策提供高质量的智力服务。要完成如此重任，练好内功是必不可少的。同时，“酒香也怕巷子深”，智库的对外宣传也是至关重要的。笔者去美国考察智库时发现，美国的个别顶尖智库在对外宣传上不惜本钱，而且非常善于利用新媒体进行对外宣传，影响决策者和社会大众。

第四，处理好智库建设与后勤保障的关系。智库的建设绝对离不开后勤保障体系的建设。我们认为，智库的后勤保障体系至少包括数据支撑体系、日常行政运行体系、财务运营体系等。日常行政运行体系是智库运行的生命线。一直以来，日常行政运行效率低下，严重地影响了我们整体的效率。可以考虑借鉴国外智库的运行经验。现在，我们的研究人员有相当的精力都去应付各种表格的填写、相关票据的整理，如此折腾过后真正做研究的时间就少了。此外，智库需要财务运营体系的支持。智库靠高端的人力来支持，而高端人才是需要相应的财务成本来保证其到位的。同时，智库需要大量的对外宣传，保持国内外的往来，这些都需要全新的财务运营体系与之配套，否则无法保证高效运转。

第五，处理好专业人才与复合型人才的关系。美国智库的一个特点在于存在“旋转门”。每四年的政府换届选举中若出现政党更替，可能会出现4千人左右的人转岗，这样在智库人员与政府人员之间形成了良好的互动。而建设中国特色新型智库，同样关键是要有一支高素质的智库型人才队伍。我们目前不缺乏专业人才，但我们缺乏懂得政府运作、熟悉政策制定的谏言者，我们更缺少跨领域、多背景的复合型人才，让校门到校门的专业研究人员肩负起智库的职责是有一定不足的。

第六，处理好立足中国与国际化的关系。建设中国特色新型智库，要坚持以我为主，以中国问题、中国道路为直接导向，立足本土实践，形成中国特色。同时，也要认真学习先进国际智库建设的成功经验，保持开放的心态，广泛借鉴外国智库建设的宝典。我们认真研读了由美国宾夕法尼亚大学詹姆斯·麦甘主持完成的系列《全球智库报告》，认为全球智库评价方法有待完善。我们认为，一个客观、全面的全球智库评价方法，不仅仅要有主观的评价，而且更需要大量的、多层次的客观指标。只有主观定性评价与客观定量评价相结合，才能较为全面地对全球智库做出相对公正的评价。麦甘的全球智库的评价结果漏洞较多，难以令人信服，有许多值得商榷的地方。欧洲学者早在2010年就系统整理了西欧部分智库在该报告排名上的自相矛盾之处，多达二十余处，如英国大赦国际在“西欧前40”中只排到第12名，却被排在“世界前10（非美国）”中第5名；在“西欧前40”中比大赦国际排名还要靠前的德国艾伯特基金会（Friedrich Ebert Foundation）却未排进“世界前10（非美国）”等。类似的错误也出现在2014年的全球智库评价报告中，全球150强智库排名第48名的与排名第99名的都是中国的国务院发展研究中心。更滑稽的是：布鲁金斯学会在2012年“环境类前70”排第2名，然而布鲁金斯学会网站公开宣称他们并不关注环境政策方面的研究。类似的现象连续几年出现，即布鲁金斯学会在多个分类排名中都排在前10名，而不管他们是否在该领域有研究活动。总之，我们认为，麦甘的《全球智库报告》存在上述诸多问题，其权威性目前仍然难以服众，对此，国内的大多数媒体没有全面客观地报道，甚至出现了一些学者、媒体和研究机构不明真相、盲目跟风炒作的现象。我们建议对此类研究报告必须慎重对待，不可过高评价其价值。

综上所述，建设中国特色新型智库，任重道远，它需要社会各界长期的努力，需要日积月累、不断提升，智库绝不是一日建成的。

（作者系中国社会科学院社会科学评价中心研究员）

“一带一路”应是开放发展契机而非极端主义助力 / 梅新育

“一带一路”（丝绸之路经济带和21世纪海上丝绸之路）战略无疑是中国经济和对外战略更上层楼的重大举措，也有望成为21世纪上半叶国际经济政治体系发展的里程碑；但任何事物都是一分为二的，倘若执行者考虑不周，甚或被某些背离事实和客观经济规律的狭隘观念绑架，这个本意旨在推动开放型经济社会发展升级的计划也有可能成为某些群体进一步自我封闭的助力，甚至成为极端主义坐大的助力，给经济发展、社会稳定和国家统一埋下深远隐患。

长期来看，开放经济是一个大国经济发展的必由之路，但开放经济冲击国家政治统一的风险同样存在，古往今来，概莫能外。改革开放初期，涉外旅游业被视为赚取紧俏外汇资源的无烟工业而得到大力鼓励发展，小平同志还为此专门做了指示；但西藏开放型旅游业的发展在一段时间里给反分裂斗争带来了意外的冲击。1987年拉萨骚乱后新华社记者刘伟西在报告文学《拉萨骚乱纪实》中提到，1987年拉萨骚乱之前的十几年，西藏相对封闭，藏族人参照对象只有汉人；西藏开放以后，参照对象增加了外国游客和我国香港地区人士，以及明显比当时西藏普通居民富裕的印度和尼泊尔商人、归国藏胞，加之这一时期中国电视事业发展迅速，使更多人通过电视获得了对西方国家发达更直观的感受，一些藏族人自怨自艾未能享受更高生活水平，失落之余就把怨气发泄到了拉萨的汉人身上。当时，一个年轻藏族大学生曾说，如果当年十三世达赖喇嘛和英国签约，西藏就归东印度公司了，西藏就会和印度一样发达起来。其实，在新中国成立之初，印度主要工业全面大大领先于中国，但在独立后发展实绩远远落后于中国，到1970年代中期，中国主要工业品产量全面超越印度；时至今日，中国经济和人民生活水平几乎在所有方面都明显超过印度，当年那个年轻藏族大学生对印度“发达”的向往已经成为笑话，但这种想法曾经是客观存在。

国际旅游带来的扭曲参照冲击西藏反分裂斗争已经成为过去；但开放经济使新疆

和全国反分裂、反“三股势力”斗争复杂化的问题还在继续发展。须知，“东突厥斯坦”这个概念和泛突厥主义本身就是在清末对外经贸中输入的，教训值得我们汲取和警惕；“三股势力”也必然会借经贸发展的便利而力图加速向新疆渗透。

中国是国际社会普遍认为综合国力仅次于美国的大国，仅仅外部极端势力尚不足以撼动中国的大局，但我国某些国民的某些观念和潮流却可能客观上与外部极端势力合流，从而加重对国家的创伤，也把这些国民引向历史发展歧路，这些观念和潮流甚至往往就是外部极端势力输入的。清真认证、清真产业范围无限扩大的趋势就暴露了这一风险。

在因“三股势力”膨胀而创巨痛深的新疆，回顾“三股势力”坐大的历程手法，在《凝心聚力、团结奋进，共创新疆各族人民美好未来》（《新疆日报》2014年4月7日）一文中，自治区政府主席努尔·白克力愤怒谴责极端主义势力的伎俩：“他们把‘清真’泛化，不仅在食品上，而且在药品、化妆品、服装上都打上清真标签，宣扬政府资助盖的房子不清真、内地企业生产的生活用品不清真。这一套歪理邪说虽然冠以宗教之名，但其实质并不是宗教，而是打着宗教的幌子、披着宗教的外衣、以宗教活动为借口的极端主义。”对照当前国内许多地方清真认证和清真产业范围无限扩大的趋势，果汁饮料、食用植物油、水、盐甚至机电产品都搞出了清真认证产品，超市收银台也要搞清真，还出现了主张引进伊斯兰金融的呼声和尝试，我们难道不该警惕极端主义势力在内地复制南疆极端化路径的风险吗？

“民族政策”不是无限扩大清真认证和清真产业范围的理由，因为我们的民族政策应当是支持温和、理智、守法、爱国的少数民族群众，而非迁就纵容少数民族中极端、非理性、违法、叛国的势力，以至于让后者掌握了主动，前者也即使违心也不得不被动追随。对外经贸同样不是无限扩大清真认证和清真产业范围的理由，因为伊斯兰国家有咄咄逼人、主张固守保守教条乃至身体力行传播极端主义的派别，也有温和理性、主张改革更新、接轨国际通行经贸规则的力量，而这些国家的进步发展基本上来自后者主张。我们不应掺和这些国家内部的斗争，但只有后者才是我们相对可靠的经贸伙伴。在这些问题上，我们不能盲目，更不能“揣着明白装糊涂”。

“子不语怪力乱神”，世俗文化是中国文化的底色，也因此造就了世世代代中国人自强不息的精神。全世界各古老民族都有大洪水的传说，只有中国先民治理洪灾靠的是大禹治水，靠的是人的奋斗，而不是神的恩赐。中国得以成为全世界唯一拥有五千年不间断文明史的大国，中国得以向不同宗教提供宽容、兼容的环境，世俗文化

底色是最根本因素。今天，无神论明确载入宪法，是我国的官方意识形态。尊重宗教，是尊重所有公民个人在私人事务空间自主选择和退出宗教信仰的自由，绝不等于宗教可以在公共事务空间凌驾于官方意识形态、宪法原则、党和政府的领导之上。这一点如果动摇，那就意味着社会天翻地覆的大动荡。我们的经济生活只能坚持世俗社会通行规则，绝不能容许宗教插手商业规则，尤其不能容许在经济生活中以宗教名义歧视非该宗教信徒。之所以要特别强调最后一点，是因为现实生活中已经出现了这种矛盾冲突蔓延的危险苗头。

为避免发展方向偏颇，为自身可持续发展起见，宗教势力也宜在精神领域自我约束，可以按照世俗社会商业规则依法创收，但不要企图大面积控制经济权力，更不要企图把持制定经济规则的权力。

在中国历史上，神权攫取财权的渴望带来了“三武一宗”强力灭佛，汉传佛教经此教训，方才走上了与世俗社会和谐互补的发展道路；中世纪天主教会与财权结合，把西欧拖入千年黑暗，直至宗教改革挣脱羁绊，欧洲方才得以一飞冲天；土耳其帝国宗教势力把持金融权力，导致其经济社会全面停滞，再加上贝克塔什托钵僧教团对近卫军军权的控制，数百年间把土耳其素丹和政府玩于股掌之上，扼杀了土耳其自主改革进步的一切生机，土耳其政府最后不得不另组新军，在首都动用重炮大动干戈，方才铲除这个毒瘤。历史教训，值得我们深思，值得我们警惕。

（作者系商务部国际贸易经济合作研究院研究员）

向下扎根、向外播种

——记法律经济营 / 熊秉元

缘 起

浙江大学法律经济研究中心，于 2013 年 9 月成立。这是由校外捐款资助，以推动“法律经济学”（Law and Economics）为主旨的学术单位。成立之后，推出很多项目，而“法经济学夏令营”是其中最重要的计划之一。

众所周知，芝加哥大学法学院，是执世界“法经济学”牛耳的学术重镇。芝大的“法经济学夏令营”由 2012 年 7 月起举办，为期两周；第一年免费，第二年起，收费每人美金 $2500；举办以来，成效良好，广受瞩目。因此，芝大的夏令营，提供了一个明

法律经济营教师团队

确的标杆，有为者亦若是！此外，大陆本身的学科发展，也值得一提。“社科法学”结合法学和社会科学，由北大朱苏力教授领军；耕耘多年，成果斐然。可是，参与者多是法学界人士，活动范围多在法学院的数仞高墙之内。另一方面，“中国法经济论坛”，由浙江大学史晋川教授和山东大学黄少安教授领衔，已轮流举办十余届，功不可没。每年论坛，冠盖云集，群贤毕至；可是，时间稍短，每年的论坛，只有活动两天。

在这种内外背景之下，中心决定举办夏令营，为期七天，任课老师以经济学者为主；参加学员，以法学院的博士生和老师为主。利用较长的时间，向法学界有兴趣的朋友，较完整精确的介绍法经济学。目标既定，中心以有限的人力，于 2014 年 6 月 29 日至 7 月 4 日，在浙江大学紫金港校区，举办第一届法经济学夏令营。

第一届、第二届

第一届夏令营顺利完成，学员反应热烈；不止一位表示，在所有参加过的营队活动中，这是最充实而有收获的一次。在这个基础之上，中心紧接着展开跨校合作，和天津财经大学“法律经济与公共政策评价中心”，合办冬令营。于立副校长（兼中心主任）的团队，细致而高效率；两中心合作愉快，冬令营于 2015 年 1 月 19 日至 26 日，在天津财经大学成功举办。

回头看第一、二届冬 / 夏令营，有几点不同。首先，杭州营的主题是：“法律经济学——初遇”；天津营的主题，则是专业化较强的：“法律经济学——公平竞争与反垄断法”。其次，第一届学员只有 32 位，全部是法学背景，主要是法学院博士生和老师。第二届，学员扩充至 40 位，也开始接受经济学背景的学员；法学和经济学直接碰面，有一周的时间彼此认识、论对、较劲、整合。还有，参与的层面，向境外持续扩充。课程方面，邀请香港岭南大学林平教授，担任反垄断法的课程。同时，邀请台湾“最高行政法院”帅嘉宝法官，利用休假友情赞助，担任辅导员；并且，主持讲座，介绍案例；说明如何利用法经济分析，作成判决和写判决书。两届相同的，则是充实的课程、小组讨论、议题辩论，以及学员热情而且专注的参与和投入。

冬夏营的特色

冬夏营的一些特色，也值得稍稍描述：在法学界，对法律经济学有很多误解。夏令营里的课程，不停留在“科斯定理”“财富极大”“效率”等抽象的字眼；而是一方面介绍经济分析的架构，授人以渔；另一方面，直接处理司法案例，法经济能否逮耗子，让证据来说话！

此外，学员参与夏令营，全程免费；被录取的学员，只要自己负担往返交通，其余食宿、参观、纪念品等，全部由主办单位承担。而且，营方为每一位学员都买了保险，尽可能做到无后顾之忧。还有，为了确保出席，采取先缴保证金的做法。一旦录取，签承诺书，全程参与，并缴保证金（第二期，人民币一千元）。闭营式上，颁发结业证书的同时，退还保证金，并由主办方支付利息10元！ 没有完成课程的学员，依承诺书：保证金以学员的名义，捐给学员指定的慈善机构！

学员每四人为一组，开营前的两个月左右，就开始写作业，包括个人作业和集体作业。并且，建立微信群，在组内和组际都不断交换信息。在报到的那一天，学员由中华大地各个角落登机登车，朝目的地移动，一路微信联系不断；这种景象，想来都令人振奋昂扬。

第三届、第四届

天津营闭幕式上，于立教授把象征性的营旗，交给南京林业大学经管学院张红霄副院长，完成交棒仪式。南京营预定在2015年7月19日至26日召开，主题为：法律经济学和环境保护法。在学员遴选上，将增加法官、检察官的参与；而且，有限度的对律师开放，以邀请报名参加的方式试行。

然而，计划和变化的速度，总是令人目不暇给、未必一致。因缘际会，浙江省金华市委政法委和中心合作，将在6月底举办法经济特别营，主题为“法经学和司法实务”。学员48人，为金华市的法官、检察官和公安精英。这个极其意外的“插播”，有很特别的含义：既是对中心成果和能力的肯定，更是对法经济学的肯定。法经济分析，不再是期刊论文里的益智游戏，而是能在司法实务中，面对考验，抓住老鼠！

展　望

法学界大体上可以分为两大块：法学院的师生、公检法律的从业人员。过去，法律经济学着重所在，是和法学院沟通。然而，由中心所办冬夏营的经验，经济学者无需划地自限。公检法律，是另一块法经济学可以一展身手的园地。让证据说话，公检法律的考验，更能烘托出法经济学的优势。为法学界人士的工具箱里，添增一套强有力、又简单明确的工具。

在既有的基础上，中心将继续和合作伙伴，共同举办冬夏营。为特殊群团量身定做的特别营，也是中心努力和戮力以赴的目标。在2017年以前，中心预定举办一个以“公安体系”为重点的特别营；40个名额里，邀请大陆34所警院，各推派一名精英参加。另外六个名额，则保留给港澳台的警察／警官院校。关于法律经济营，一言以蔽之：中心只是园丁，把法律经济学向外播种、向下扎根；辛勤耕耘，努力浇水除草，希望早日开花结果！

（作者系美国布朗大学经济学博士，任教于浙江大学经济学院，为浙江大学法律与经济研究中心主任）

附录：

不破不立：法律思维与经济思维的邂逅

李志刚

1.与法经济学的偶遇：夏令营的学术大餐

从十多年前翻阅考特、尤伦的《法和经济学》，波斯纳的《法律的经济分析》以始，接触法经济学已有近十年的历史，虽有所得，但始终觉得是“别人的思想在自己的头脑中跑马”，未有真正开悟。偶知浙大法经中心有此夏令营，便冒昧试之，并得录取，不禁窃喜，亦有诸多期待。

一周密集的学习与交流，成为了我与法经济学的亲密邂逅。渐近尾声，回顾夏令营的学习生活，主要感受有三：一是课程设置精良。既包括经济学思维的启发与奠基（熊秉元老师课程），也包括法经济学案例分析的操练（桑本谦老师课程），还包括严谨的学术示例（刘智勇老师的课程）；既有经济学家解读法律（熊秉元老师、史晋川老师课程），也有法学家用经济分析的方法解读实务案例（桑本谦），还有法经济学研究方法的学术探讨（David老师的课程），体现出对法经济学研究的全方面培养，课程设置用心良苦。与我而言，则是目不暇接的学术大餐。二是体现一流水准。夏令营所请导师均不仅有国内的一流学者，也邀请了域外学者，使得夏令营讲授的内容，站到了国内国际的前沿，保证了知识传播的高水准。三是在讨论中受益。与大陆地区长期以来的灌鸭式教育不同，夏令营的交流活动采用了交互提问、小组讨论、分组辩论等多种形式，大大激发和调动了我们思维的深度参与，从而保证在最短的时间内能获取最多的法经济学知识。

2. 与法经济学相处：痛苦与愉悦的双重变奏

作为受过十年法学系统教育和从事十多年的法院实务工作的我而言，已经建立起了以请求权检索为主要内容的法律思维方式。因此，虽觉得经济分析有其严谨、本源的解释价值，但本能的思维惯性在一定程度上也限制了经济分析思维的运用。在夏令营的学习过程中，特别是对熊老师有关“损失由谁承担”“骨灰坛的赔偿如何计算”“用证据说话”“公平正义如何评价”等问题的一次又一次追问中，我也在反思法律思维的优势、基础与局限，比较法律思维与经济思维的区别、差异与衔接。应该说，这种思考是痛苦的，是“破”与“立”之间的蜕变，但在得到说服性的答案后，也能品味出寻求真理、探寻问题与出路的愉悦。就个人感受而言，本次夏令营不是传授知识的夏令营，而是启发思维方式、研习经济分析研究方法的夏令营，不是“授人以鱼”，而是“授人以渔”。知识是容易遗忘的，但思维方式、研究方法、学术论证的规则的训练，将对我们的研究与实务带来持久而深远的影响。桑德尔在《公正》课的最后一课中指出，其授课的目的不是要告诉大家什么是“公正”，而是希望通过讨论、争论、辩论，以及对歧见的聆听和学习，来增进对“公正”的理解和反思。我想，夏令营的目的也是如此，正如熊老师所言，是通过学习训练，习得经济分析的思维、学术讨论的规范，以此来增进我们对法律的理解和反思。与我而言，这个过程虽然是痛苦与愉悦的双重变奏，但思维的愉悦始终是夏令营的主旋律。

3. 与法经济学结缘：我心目中的“白娘子”

来杭之前，浙大法经中心的由曼丽老师反复通知，来参加夏令营时一定要带上雨伞。看到夏令营的活动安排中还要去西湖，我一直在想，难道是要让我当“许仙”吗？我会遇到我的“白娘子”吗？一周的学习交流活动之后，我渐渐明白，与我相知相识、朝夕相处的真正“白娘子”是法经济学。而我不仅心生爱慕，也愿长相厮守。幸运的是，我的“白娘子”没有被压在雷峰塔下，她还将与我相伴、随我同行。我亦期许，我与法经济学的爱情，产生智慧的结晶，成为我未来司法审判工作的“贤内助”，并在我未来的裁判思维、裁判文书和学术成果中逐步显现她美丽的容颜。

临别不舍。当听到熊老师要让“中国的法学与国际同行进行交流，并作出学术上智识上的贡献”时，我心生崇敬。祈望浙大法经中心未来成为与芝加哥大学比肩法经济学研究基地，我亦期待，夏令营的尾声不是我参与其中的结束，而是我能继续参与其中并为之作出贡献的新的开始！

（作者系最高法院法官，中国人民大学法学博士，北京交通大学产业经济学博士生）

相异相成：经济学理论对法学研究的助益

郑颖慧

对于我这样一个以前从未接触过经济学，曾长期固守于传统法学思维范式的研究者来说，在本次专题学习过程中，经历了从最初的新鲜刺激感、继而逐渐欣然接纳、再到出现一些质疑、到最终确信无疑的心路情感转变。回顾这几天紧张而充实的学习历程，感受深刻，获益良多，简要总结如下：

1. 研究方法的转换：

熊秉元老师多次强调“让事实来说话”“让证据来说话”，给予我深刻启示：任何研究都要以事实和证据为前提基础，只有这样的研究结果才更有说服力及具有实践意义，当然包括世俗化的法学研究。对照以前自己在法学教学研究中尚停留在粗糙武断的水平，通过这一方法论的学习，今后应该采取“演绎”（事实或证据）再到“归纳”（得出结论）的科学方法路径。

2. 研究思维的创新：

这也是本次学习活动最主要的收获。当法学遇到经济学，两者产生了激烈的火花，经济学以其独特而强大的学理分析工具，分别对法学领域的各部门法问题进行了实质真相的揭发，其剥茧抽丝、令人拍案的分析过程，使人心服口服。长期盘踞在脑海中的法律应是神圣凛然、特立独行、不容亵渎、自成体系的，但其遇到经济学，法律的神圣光环则被经济学一步步消解直至露出其本来真实面貌。我深深感到，经济学思维赋予法学研究以事实或证据的学理基础，法学研究因遵循经济学思维使其带有人间理性的烟火味。总而言之，法律经济学开拓了法学研究的视野，促使法学更具备科学的意蕴，同时借助经济学理也阐释了许多法学领域棘手的难题和诸多困惑。正如熊老师所说：经济学介入法学，是一个工具性的安排，具有功能性内涵。

3. 法经济学个案学习体会：

通过系统学习各位授课老师精深的法经济学知识，对法经济学的基础理论及实证分析思路有了全面认识和了解。按老师授课顺序谈谈自己的学习收获。

（1）于立教授“跳单案”法经济学分析之学习心得。

首先，于老师巧妙运用《周易》中的“太极、两仪、四象、八卦”形象描述了经济学体系，化繁为简，一目了然，也使我以前从未接触过经济学由此对经济学产生了浓厚兴趣。其次，分别指出经济学“混乱”、法律“幼稚”各自解决问题的弱点和不足。对此论断，于老师引入典型跳单案例，就法院最终判决结果，分别从经济学角度进行定量分析和法学角度进行定性分析，得出结论：违约并不等于违法。通过跳单案例的法经济学分析，我认为进一步阐释并弥补了法律规范及司法判决的缺陷和漏洞，使法律更加贴近科学和实际生活，并且极具说服力的改变了人们头脑中固守的传统法律观念：违约即违法。

（2）熊秉元教授“解释的工具”法经济学分析之学习心得。

①法经济学分析的理论基础。熊老师通过生动有趣的案例，阐释了人的理性自利的特质，进而指出法经济学分析构架，即基本单位（人）——人的行为特质（理性自利）——加总——均衡——变迁。遵循这一架构，熊老师提出如下观点：人的感性是受理性支配的；规范存在不一定合理，但一定有其原因；好的价值一定有前提基础，等等。

②法经济学分析的个案思路。熊老师通过“老虎伤人案”“上司性骚扰下属案”等，从成本收益、最小防范原则、社会财富最大化原则等法经济学思维进行实证分析。得出非常宝贵的法学结论，例如，法条只是一个点，而实际生活是个线谱，由不同时点的偏好构成，法律在确定责任归属需对不同时点的选择进行删选排序。又如，法律判决表象的公平正义也许是社会财富的最大损害，等等。

③运用法经济学分析法律的正义及道德问题。熊老师通过分析规范性思维和结果式思维的关系，指出法律的正义乃是纠纷产生的善后解决，道德则是价值判断和奖惩机制。它们均为工具性的安排，具有功能性内涵。法律不只追求正义，而且更在于合理处理价值冲突，这时需要工具来解释。

总之，上述法经济学分析思维呈现了一种全新的法学研究视野，其中一些新观点产生对原有法学认识的颠覆性理解，并深以为然。

篇幅所限，获益无法述尽。一言以括之，那就是今后的工作生活拥有了新的思考武器——法律经济学。

（作者系东南大学法学院教师）

合情合理：经济学概念在法学实务中的深入运用

南宝龙

在2015年法律经济学冬令营的活动中，收获颇丰。以熊秉元先生为代表的教学团队，带来的清新、冷静、智慧和自信，在恰逢中国司法界全面推进司法公开之际，雪中送炭，为我增添了面对挑战的勇气。在冬令营活动即将圆满结束的时候，一种离别的愁绪，吹走重重的俗气，让我暂时远离功利主义的色彩，仿佛又回到久违了的纯真时代。一句话，感动、感慨和感悟。

感动，是始终的主题。熊秉元先生等教学团队，将多年来潜心研究的学术成果，以及高超的法律智慧，毫无保留地传授给我们。刹那间，我顿感功力大增。平凡的教师，就是因为奉献而创造出不平凡的事业。激励我在今后的司法工作中兢兢业业、克己奉公、坚守执著，努力实现自信、他信与公信。

感慨，是难得的反思。长期以来，学术界以擅长研究法学方法论而津津乐道。而法官则挣扎在法律适用方法论的泥潭中，孤立无援。自从我从事民事审判工作，为了实现裁判的稳定性，提高形成裁判的效率，苦苦追寻破解的方法，曙光若隐若现，但梦想不能实现。冬令营的学术盛宴，启发、点拨我的愚钝。尤其是教师团队严谨务实的治学作风，学以致用的学术目标，为民谋求福祉的呐喊，反衬出我往日的研习成果还仅仅停留在表面，不能落地生根、开花结果。

感悟，是迸发的激情。熊秉元先生运用法经济学的分析方法娓娓道来各类民事案件的求证思路，顿开茅塞，真理在碰撞中火花四射，是对心灵的最好洗礼。举一反三，我似乎有所顿悟，法经济学的分析方法同样可以运用到刑法领域。

自由是一种有价值的权利。西方国家尊崇自由、平等、博爱。其中自由的价值最高，放在首位。行为人的行为保存了他人自由就是正价值，破坏了他人自由就是负价值，既不保存也不破坏他人自由是无价值或者说是零价值。产生负价值的行为应受到法律制裁。显而易见，不损害他人自由的成本要比刻意保护自身自由的成本小得多，只要不作为——静止不动，他人的自由就足以保障。

但是，损害他人自由还有一种方式，除了常见的直接以作为的方式侵害，还有不履行事先设定的作为义务即不作为方式侵害的情形。二者都可以破坏自由，在一定条件下可以产生等价的危害后果。

不作为犯之所以被刑法否定，就是因为没有实现应当实现的正价值，这与直接制造一个负价值在质和量上没有根本性的不同，都是对他人自由的侵犯和危害。但是，自由的价值大于博爱的价值，法律不会无缘无故要求没有特殊关系的普通社会成员没有对价地为他人创造正价值，那样的话就等于牺牲了其他社会成员的自由，成本与收益没有很好的衔接就进行法律制裁不符合成本收益的规则，无疑是与保护自由的初衷另类背离，必须找到其中的合理性。

首先，从微观层面上讲，特定民事法律关系的主体是特定利益的主体，例如合同主体、婚姻主体等，其为民事法律关系的相对主体支付成本理所当然，夫妻相互在对方病重的时候提供帮助和救助，这是法律的最低要求，因为他们早已实现了自由，斩获了收益，是该支付成本的时候了；同时，为了防止刑罚滥用，特定民事法律关系的主体相互支付的成本应当达到最小化，如果成本过高，不符合成本收益关系的规则就不构成犯罪（但可能受到良知的责难），例如为了保护对方需要献出自己的生命。

其次，从宏观层面上说，社会秩序的稳定依靠支撑社会秩序的具体的、无数的法律关系中的角色各司其责，积极履行各自的义务，最终实现“公共福祉”，使每个人的利益均衡地达到最大化。社会成员作为社会利益的共同受益人，怠于支付微小的、必要的成本很可能使整个社会秩序塌陷，不同社会角色的共同利益将受到严重损害，包括行为人自己在内的社会整体将付出高昂的代价。例如，教师发现学生陷入困境不予理睬，要比陌生人之间的作为侵害可怕得多，属于社会成员更加不能容忍的。其本质是脱离了人的本性和基本生存规则——成本收益的理性，与社会的整体存在格格不入，对动摇了社会基石的行为人，刑法就会闻风而来！

（作者系天津市红桥区人民法院法官）

写文章与生孩子、发文章与嫁姑娘等杂谈 / 杨兰品

一、写文章与生孩子

偶见一个笑话，说是从前有个秀才，晚上做文章，吭吭哧哧憋了大半夜，就是憋不出几个字。在一旁抱着婴儿的秀才娘子替他着急，问：难道写文章比我们生孩子还要难吗？秀才生气地说："你们女人生孩子是因为肚子里有孩子，到时候自然就生出来了，何难之有？我们是肚子里没有文章，却要写出文章来，怎么能不难？"故事虽有些不雅，倒也有趣，且说明写文章和生孩子的确有不少可比之处。

生孩子，肚子里得有货。写文章也一样，得有 IDEA。但光有 IDEA 还不够，还必须得写出来。不写出来，谁知道你有没有能力写，会不会写？孕妇需要注意饮食起居，有选择性地大量吸收营养，要胎教，要定期检查，要经常和人交流甚至向过来人请教，不然生出来的孩子有可能不够出色、优秀，甚至可能营养不良或者身心不健康；孕妇在整个怀孕期间既会有新感受、新发现的惊喜，又要忍耐各种煎熬和痛苦。同样，写文章也得狂吃——查阅大量资料，收集大量论据，还要时不时地论证、研讨，甚至请高人指点，以保证文章不出什么毛病，甚至更漂亮一些。写文章也同样要忍受痛苦煎熬，偶尔也会有些惊喜，会有新的感受和发现。生孩子需要时间，常说十月怀胎。写文章也需要熬时间，有些学校规定博、硕士毕业论文从开题到答辩不能少于 8 个月。尽管每个准妈妈都巴望能生出一个身心健康、聪明漂亮的孩子，甚至生个状元郎什么的，以便将来能光宗耀祖。但在孩子生出来之前，估计每一个准妈妈的期望值并不高，甚至内心非常紧张和忐忑不安，甚至觉得能生个身心健康、不缺胳膊少腿的孩子就很满足了。写文章也是如此，虽然暗地里也窃望能一鸣惊人，但更多的是害怕自己煎熬了很久的成果被认为是残缺或者丑陋甚至毫无价值的。在经历了一定时间的煎熬和折磨后，孩子终于生出来了，或者文章终于写出来了，那种顿时的轻松感、成就感是不

言而喻且基本一样的。当然，即便有IDEA，即便很下工夫，由于这样那样的原因，写着写着流产了，虽也经历了痛苦煎熬，却没有什么结果的情况，也时有发生。

“不孝有三，无后为大。”古代无子排在“七出”之第二。可见能不能生、生多生少是至关重要的。媳妇即使再漂亮、再能干，（无论什么原因）生不出或者拒绝生孩子，那必定是没好果子吃，至少面临被“休”的巨大危机和风险。即便现代社会，也很有可能被嫌弃、责备甚至被骂为“不会下蛋的鸡”。曾经有这么个真实的悲剧：一个漂亮能干的姑娘，婚后几年依然没有怀孕，丈夫某一天一句“养个鸡也会下蛋”的玩笑话，竟然使自尊心极强的老婆一怒之下，效仿屈原老先生的壮举，悄然扑入滚滚洪流中。虽说现在社会宽容度提高了，个人的自我意识强化了，也有坚决不生的，但公公婆婆等未必支持和高兴。高校、科研机构的教师和科研人员不写或者写不出文章也是不被容忍的。你说自己再勤奋、再能干、课上得再好，写不出或者发不出文章是不行的，很有可能不被待见，甚至生存都受影响。高校里有各种严格的考核指标和要求，即便你能讲得学生们、听众们神魂颠倒，如果坚决不写或者写不出来文章，那考核、晋升就会大受影响，甚至可能考核不合格。据说某一高校青年教师和校领导对话时，校领导“如果三年内还没有……还好意思以为自己是人才？”一句话拍打得青年才俊们颜赧语塞、噤若寒蝉。学生也一样，没有文章、写不出毕业论文，你实验做得再好，考试成绩再好，都没有足够的说服力，想顺利毕业都不可能。中国人长期崇尚多子多福。在古代能生是生产力。若有一群子女，哪怕是能力一般般的子女，不仅面子光彩、里子也实惠。现代社会能写是生产力。有一大堆重量级的文章，也一样是面子光彩、里子实惠。当然，当下中国，就算你想生、能生，也不能多生，多生了不仅违背政策，自己也未必负担得起。但写文章不一样，那依然是多多益善。有人调侃说，教授不光得像牛，得能耕耘、能拉车负重，更得像能下蛋的母鸡，下得越多越大越好。下得多才能活得好，有米吃。

当然，因这样那样的原因生不出或者不能尽快生却又急切想生或者不得不生的，那就得想办法了，有求医就诊的（各种正规不正规的治疗不孕不育的广告海了去了，各种合法的、不合法的，公的、私的治疗不孕不育的医疗机构和医生也多了去了），有烧香拜佛的，有领养的，有试管婴儿，还有哄骗拐卖幼儿的（据说有的地方买卖幼儿都成产业链了）。因这样那样的原因写不出或者不能尽快写出却又急切想写或者不得不写或者不得不尽快写的，也是有各种办法的，比如进修深造，参加各种强化、提高学习班，参加研讨，请高人指点等，也有论文代写代发（据说这块市场也相当大），

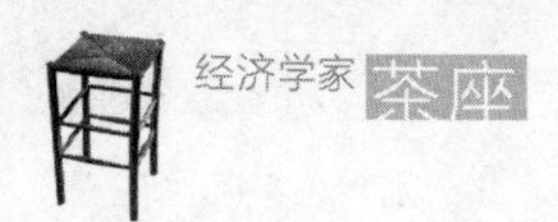

还有剽窃抄袭等。

二、发文章与嫁姑娘

如果说写文章像生孩子，那么发文章就很像嫁姑娘。年龄小时不成熟，年龄过大就没有优势，必须在婚龄阶段找个尽可能好的人家嫁出去，不然就可能成了老姑娘或者剩女。到了一定年纪，姑娘如果还不急于找婆家，那做父母的就难免着急上火，甚至托亲靠友，参加相亲会，到处找信息、找机会，生怕女儿找不到好婆家，剩在家里。姑娘年龄越大，剩的可能性越大，嫁到好婆家的几率越低。文章也一样，写出来的文章必须发出去，不然就算不上文章，至少算不上公开的成果。文章也有时效性，如果找不到合适的杂志发表或者拖延的时间太长，过了最佳时机，效用、影响、价值和优势就会下降，就有可能发不出去，和女性过了最佳年龄，不容易找到合适的婆家，甚至嫁不出去一样一样的。论文能否发表，就像嫁人一样，是惊险的一跳。

文章和姑娘一样，也有评价体系和评价标准，也有层次高低之分。好的姑娘不仅心灵美、能力强，还气质好、形象美。好文章，通常也不仅是思想独特、内容丰富，还形式规范、表达精妙。期刊和婆家一样，也是有等级、层次之分的，有豪门大户，也有小门小户。发文章也讲究门当户对。高层次的杂志，像豪门一样，想嫁入的应征者趋之若鹜，但能挤入豪门的往往又屈指可数。通常豪门大户财力充足，不指望新娘能否带来或带来多少嫁妆，更在意姑娘是不是漂亮、优秀，出身如何。在有些杂志上发文章还需要交版面费，就像嫁姑娘需要陪嫁。姑娘状况如何是能否找到、找到什么样的婆家的主要因素，但不是唯一因素。能否找到和找到什么样的婆家往往是由很多因素决定的。文章也一样，质量是主要因素但不是唯一的因素。和婆家的偏好、审美标准一样，不同的期刊在偏好上也多少有些差异。一般来说，好姑娘嫁入豪门的可能性大一些，但好姑娘委屈低就的时候也很多，嫁入豪门的也未必都是漂亮优秀姑娘。文章也一样，高层次刊物中高质量文章的比例大，但好文章未必都能进入高层次刊物，高层次刊物中也未必全都是好文章。

中国自古有“子以母贵”“母以子贵”之说。姑娘的娘家非权即贵，即便姑娘不是那么出色，嫁入豪门的可能性也更大。文章的作者水平高、名气大、声誉好，文章不仅刊入高层次刊物的可能性大，甚至会被约稿，就像男方家求婚一样。如果是皇家女儿，那待遇更是不同寻常。毛泽东某一首诗词里尽管有不雅字词（毛泽东：《念奴娇·鸟儿问答（1965年秋）》。该作品在1976年1月首发于《诗刊》杂志，其中有“土豆烧熟了再加牛肉，不须放屁”的著名词句和前无古人后无来者的伟大创新），但那是地地道道的皇家女儿啊！当年全国的各大报刊头版头条刊登，全国人民朗朗背诵，无数人拍手叫绝，甚至还被正儿八经谱了曲公开演唱。同样的东西，出自伟大领袖和一般民众，那待遇自然是天壤之别。一旦谁家女儿嫁入帝王家，娘家就会成为皇亲国戚，鸡犬升天；平民家的姑娘一旦嫁入豪门，那娘家也是连带着就非权即贵了。一旦谁的文章在高级别刊物发表了，作者会突然间名扬学界，名利双收。做教师的可以借此评职称、得奖金，做学生的毕业、深造、就业等就都有了更有分量的资本。

通常，姑娘的出身好，娘家是名门望族，也能提高婆家的地位和声誉。期刊也是一样，名流达人的文章能提高杂志的影响力、知名度。姑娘嫁到婆家之后，能不能再对婆家产生好的效应很重要，比如生出漂亮聪明的孩子。期刊也是如此，比如文章被转载、被批示以及引用次数等，能使其作者与期刊相宜得彰，互利互惠。

可以类比的还很多，比如，出版市场和婚姻市场一样，行情、审美情趣和标准也是今儿环肥明儿燕瘦，经常变化的，进而引领着人们的行为也不断地变化；学术会有点像相亲会，研讨会有点像淑女们的派对舞会，杂志社的征稿启事很像征婚广告，征稿、投稿、很像求婚，约稿像指腹为婚；婚姻市场有剩男剩女，学术市场中也有大量发不出去的文章；民间有“一家女、百家媒”的说法，发文章中有一稿多投现象；社会中有一女嫁二夫，发文章也有一稿两发或者多发，等等。

（作者系武汉理工大学经济学院教授，经济学博士）

谈谈论文发表中的一些牢骚 /冯 伟

作为一名经济学研究者，将自己写出来的论文进行发表，向外界传递自己的思想与看法，是一件十分令人开心的事情。然而，如何将一篇论文顺利发表出来，在这其间会经历怎样的过程与苦恼，或许只有作者自己才能深刻体会。笔者近些年也深感论文发表的不易，现将在此过程中遇到的一些现象和品味到的一些酸甜苦辣，与广大经济学研究者们分享，发发牢骚，吐吐槽，舒畅一下心情。

一、论文投稿

伴随着电子化办公的逐渐普及，现在很多期刊都采取了网上投稿系统，但还有相当一部分期刊要通过邮寄纸质文档的方式把论文投递给该期刊编辑部。通过网上投稿，很多规范的编辑部会把稿件处理的每一阶段每一步骤都写清楚，以便让作者通过账号登录的方式即可以随时查到自己论文的处理进度，可以说这大大方便了作者对于论文审稿情况的查询。然而，这其中也有些期刊编辑部，虽然开通了网上投稿系统，但对于论文处理的每一个环节并不公开或者透明，往往只有一个“收到稿件”的回复，后续关于论文的审稿进程（如初审、外审、返修等）一概不知或就此中断。或许等到作者即将遗忘的时候，某天不经意地打开该系统，就意外地看到“录用”或者是干巴巴的“退稿”两字。

对于那些要求纸质投稿的编辑部，从信息完全性上肯定没有比具有网站投稿系统的期刊来得便捷，但也有一些有责任心的编辑会把收到纸质稿件的通知发送到作者的电子邮箱，而且不管是否录用最后也都会通过邮件的形式告知作者，只是这过程可能会让作者心神不定。因为编辑部和作者沟通的主要手段是电子邮箱，作者为了能尽可能早地获取稿件处理信息，每天都会刻意去打开自己的邮箱好多遍，尤其是快要到规定的论文处理阶段时，更是会频繁刷邮箱。可以说，这个过程也如同买彩票一样，说不定哪天打开邮箱就会收到令人惊喜的“录用通知”，但也有可能是让人悲伤的“退稿信”。还有一些要求投递纸质稿的编辑部，作者在投递之后，往往就是石沉大海，杳无音讯了，而且这些期刊还往往要求作者在三个月内不许转投其他期刊，否则被视为一稿多投。这样，如果这位作者从投稿之日起等足了三个月，在最后一刻鼓足勇气给编辑部打电话咨询审稿状况时，如果能得到“录用”通知，那真是皇天不负有心人，终于修成正果，但如果接到“退稿”通知，那也真是欲哭无泪，一片茫然，因为在此过程中自己白白耗费了三个月的宝贵时间。

可以说，只有足够的理解和沟通，才能真正有效地建立起投稿人与编辑部之间密切的学术联系。因此，建议各编辑部能够更多地站在投稿者的角度，深切体会投稿者写好一篇论文的不易，真如“十月怀胎”一样，需要花费较多的时间和精力，对此应给投稿者在发表论文方面更多的信息支持和帮助；同时，投稿者也要体会到各编辑老师的辛苦，因为他们每天都要处理大量的稿件，难免会有疏忽或者不足，应把自己最好的作品在符合期刊风格的前提下投给他们，在给别人提供方便的同时，其实也在为自己创造更高的论文投稿命中率。

二、论文审稿

现在很多期刊为了保证的论文质量，都会实行严格的外审制，即将接收到的论文报送给各专家进行审理，专家审阅过后会给出具体的审稿意见，是退稿、修改后再审还是直接录用等。这种方式能否比较好地甄别一篇论文的质量，很大程度上要取决于专家的水平和态度。固然大多数外审专家会尽心尽职地给出令人信服的审稿建议，但是这其中也难免有些专家会给出不够客观或者准确的建议。

笔者在论文投稿过程中也遇到过很多专家的反馈意见，通常来说会有以下几种类型：一是所给意见确实非常中肯，是笔者在论文写作过程中没有想到的或者是考虑不充分的，按照专家意见修改后会使原文质量获得很大的提升。二是所给意见的修改难度很大，如果完全按照专家意见修改的话，无异于是重新撰写一篇论文，其工作量是相当大的。这时你就会权衡是否值得修改，如果所投刊物是个不错的刊物或者是应急之需，那就不得不硬着头皮修改，因为如果不按意见修改的话，往往很难被录用；如果所投刊物一般或者并不着急，那很有可能会坚持自己的想法而放弃修改或者另觅“婆家”了。然而，大多数情况下还是会遵照意见修改，毕竟现在发论文确实不容易。三是所给意见并不客观，有些曲解甚或诋毁作者的原意或职业精神的意味。笔者就曾遇到过这样的审稿意见，总共有 6 条，总体比较客观，提出的很多意见也确实是笔者未曾考虑到的，但是其中有一条，笔者读了之后倒抽一口凉气，该意见指出笔者文中计

量模型部分缺失了其所认为的几个重要控制变量而不可能得出如此“好”的计量结果，并就此认为笔者的“计量模型的分析结果极为可疑”。这样的审稿判断对于笔者来说是种极大的误解甚或是有些侮辱，当即就想申诉，但后因始终没有打通该编辑部电话而耽搁下来，其间笔者也通过搜寻相类似的文献，发现很多做法与笔者相一致，顿时感觉该审稿人可能缺乏一定的职业素养。

可以说，只有足够的公正和尊重，才能真正架起论文创作者和审稿者之间智慧碰撞的桥梁。因而，针对当前期刊审稿人水平参差不齐的现实状况，一方面建议各期刊编辑部在不断地与论文作者和审稿人联系的过程中，不仅要将有实力的论文作者充实到审稿人队伍中来，还要适时剔除一批“反响”较大且确实不负责、不公正的审稿人，实现审稿队伍质量的动态提升；另一方面，建议各论文投稿者也要适时发出自己的“声音”，虽然一般情况下如果不按照专家意见修改很有可能会被退稿，但专家意见也并非是完全正确的，专家水平也并非是完全高于论文作者的，如果有足够的理由或者把握的话，可以向专家进行申诉，与专家进行辩理，估计许多明事理的专家也会酌情考虑或者给予支持的。

三、论文刊发

伴随着科研队伍的不断壮大，研究者之间的竞争也愈来愈激烈。现如今，发表论文如同武林比武，不仅会讲究江湖门派，即不同的学术团体具有不同的研究特色，而且也会讲究座次等级，级别高的往往具有较大的学术影响力，可以称之为“学术大牛”，级别比较低的往往还处在学术声誉的奋斗期和积累期，可以称之为“学术新人”。

对于上述这两类群体来说，发论文的难易程度自然是不一样的。对于学术大牛来说，发论文如同灌水，相对比较轻松，但对于学术新人而言，发论文则有种“蜀道难，难于上青天”的感觉，尤其是要上权威刊物，更是难上加难。这也主要在于现在很多期刊为了提升知名度或者影响力，都愿意刊发一些知名学者或者具有一定学术影响力的学者的文章，而且很多情况下有些期刊也会向这些学术大牛进行约稿或者组稿。即使约不到学术大牛们的稿件，很多期刊在遴选或刊发论文时也会注重“高学历、高职称和名校化”。这就会导致在期刊版面总体有限的情况下，如果刊发学术大牛的文章多了，就势必会挤占学术声望一般或者还处于积累阶段的学术新人所能刊发的版面。这也势必会导致学术新人之间的激烈竞争，在优胜劣汰的规则作用下，必然会导致很多学术新人发论文尤其是发高级别论文往往是遥不可及。长此以往的话，极易使学术新人丧失学术信心，不利于学术生态的正常发展。现在较为常见的现象是，很多学术新人为了能在高级别刊物上发表论文，往往会和学术大牛一起联合署名刊发，“曲线救国”。然而，这种方式并不应是所有学术新人都能实现的。

可以说，只有付出足够的努力和给予足够的机会，才能真正缩短学术新人和学术大牛之间的学术差距。因此，为了能最大限度地激励或者鼓励更多有潜质的学术新人从事学术研究的信心和决心，建议各期刊编辑部应尽可能地将更多的版面腾给学术新人，给他们更多的生存空间和发展机会。因为“罗马不是一天建成的”，从学术新人成长为学术大牛，不仅需要学术新人们的努力，而且也需要外界的帮助和机会的给予。同时，作为学术新人，虽然起步比较困难，但也要将最好的论文投给这些高级别期刊，减少这些期刊编辑部甄选文章质量的识别成本，打破学界对于学术新人的传统看法。

四、发表收费

发表论文，还要收费（主要是版面费），虽然有些司空见惯，但还是一个比较奇怪的现象。当然，这种现象也只是针对部分期刊来说的，并不是所有期刊都要版面费的，而且一般来说，级别越高的刊物，越不收取版面费，相反会给予些许稿费，反倒是一些较为普通的或者级别较低的刊物，会收取不菲的版面费。这种收取版面费的现象，固然从某种程度上来说符合经济学中的供求定理，因为现在每年每本期刊刊发论文的数量基本上是既定的，而每年因毕业、评职称或者申请课题结项的人是在不断增加的，在面临供不应求和“僧多粥少”的情况下，你只有支付一定的或者比别人更高的成本，才能获得相应的东西。

然而，如果从尊重劳动成果或者激励劳动者积极性的层面上来讲，这种现象并不是合理的。因为原则上要将一篇论文写出来，作者是需要花费一定心血和成本的，可以说好不容易写出一篇论文来，向一些刊物提供稿源，理应是这些刊物要给这些作者相应的劳动补偿，现在却反过来，这些作者要向这些刊物交纳一定数额的版面费才能刊发，这也如同自家的姑娘要出嫁，还要拿钱倒贴给别人一样。于情于理这对于这些论文创作者来说是说不通的。况且，这些作者中还有大部分是没有收入来源的学生或者是新进校的没有项目支撑的讲师，对于他们来说，支付这些不菲的版面费也是个不小的开支，或许还要从紧张的生活费或者工资中省吃俭用地挤出来，而这不仅大大降低了他们的生活质量，而且也影响了其从事学术研究的积极性。

另外，部分期刊会将作者的个人信息“共享”给一些乱收费的期刊或者中介机构，

导致你一旦投稿就会收到很多标榜“代你发论文”“包你发论文”的期刊或机构发来的电子邮件，几乎每天都有。从这种现象中我们也可想见这其中的利润或者市场有多大了。

可以说，只有足够的自律和支持，才能更好地理顺投稿者和期刊编辑部之间的利益关系。因此，一方面，建议这些收取版面费的期刊能够尽可能多地考虑到学术研究者们的不易，尽量不以营利为目的来办刊，不收取作者的版面费，给予没有经费资助的学术研究者更多的成长平台和空间。当然，在此过程中也需要国家出台相应的规章制度来加以规范和扶持。另一方面，也要引导和呼吁更多的论文创作者要及早为自己的毕业、职称和课题结项等做准备，未雨绸缪，并积极向不收取版面费的期刊投稿，尽早完成自己的任务，而非等到最后一刻才动手，要将被动化为主动。如果大家都不向收版面费的期刊投稿，这些期刊自然也就没有市场和生存的空间了。

以上是笔者在论文投稿与发表过程中了解到的一些现象，其中的感受也只是个人初见，写出来，发发牢骚，希望能和广大经济学爱好者们分享。

（作者系东南大学经济管理学院教师）

寄语新生[1] / 叶　坦

各位老师、各位同学：

下午好！

系里让我代表老师们讲话，自己没有准备；但我很珍惜这个迎新会的机会，改变了原先的计划来参加。那就说说我自己吧！1985 年我考上中国社科院研究生院经济系巫宝三先生的博士生，那年中国经济思想史学科在全国首次招收博士生，当时的迎新会也是在这里召开的。屈指算来，距今已经整整 30 个年头了！真是光阴如梭、物是人非，感触良多啊！那就谈一下自己从考上经济系（所）的博士生，到成为一名研究人员和教师的深切体会吧。

作为教师，我首先祝贺所有新同学考入经济系（所）！祝贺你们战胜了自己，而不是仅仅战胜了竞争对手。我想，这一点你们的体会一定很深。同学们现在能够坐在这里，这是一个标志，也是一个新的人生起点。我说是"起点"，因为获得录取通知书，并不等于拿到了学位证书，而这两个"书"之间的距离，就是你们攻读学位的全过程。记得曾经有一位前辈学者在迎新会上说过，现在年轻人的选择机会比以前多了，大家不去当官，也没有下海经商，而是选择考研、考博，既然考到我们经济所来，那就应该专心学习好好做学问。这些话我一直记得，现在说出来与你们分享。

我们知道，经济学是关于选择的学问，也是研究效益的学科，并且包括很多专业和门类，算得上是现今的"显学"。考经济学的新生所占考生比例相当可观，竞争也比较激烈，能够考到这里来是不容易的。经济所是众所周知的研究经济学的极好殿堂，然而，大家来一看，这里并没有豪华的高楼和体面的装潢，办公条件还不如其他科研机构甚至一些地方的大学，与不少人的想象或许有着较大的差距，会不会有点失望呀？建议同学们有空可以去图书馆资料室门口看看，那里凝聚着经济所学术史的厚重。大

[1] 此系笔者 2014 年 9 月在中国社会科学院研究生院经济系 2014 级迎新会上的讲话，事先没有准备，故而语由心出原汁原味。现在稍事修改以成此文，希冀通过《茶座》寄语所有新生，祈望大家在阅读和体悟中能够有所收获。

门两侧悬挂的照片，一侧是本所的历届所长，他们多是国内国际很有影响的经济学家；另一侧是所里的顶级前辈学者，他们的学术业绩铭刻青史享誉海内外。前辈们留给我们许多宝贵的精神财富，这些才是经济所学术影响的“精髓”所在。可惜的是，你们人概没有机会直接面聆他们的教诲了，因为他们大多或故去或离退，就连我们这一拨人再过两年也要退休了，希望寄托在你们身上！这就是学术薪火代代相传。

得以相传的、有生命力的、需要不断发扬光大的是我们这个所的学术传统。所谓“传统”并非一般所谓“过去了”的东西，而是逐步积累沉淀、不断充实升华并且历经岁月的磨砺，至今乃至未来都颇具勃勃生机的东西。那就是根植于我们心底的那份对学术的敬畏、对专业的执著和淡泊名利“甘坐冷板凳”潜沉治学和追求真理的精神！一代代学者秉持这样的学术精神，伴随时光的演进而日久弥笃。

回顾一下历史。作为海内外著名的科研机构，经济所自 1928 年国民政府中央研究院成立至今，走过了风风雨雨的八十多年艰难而光辉的历程，这也正是中国社会沧桑巨变的岁月。给大家讲一个自己曾经亲历的事例：我在做研究中需要查找一套书，发现本所图书馆藏书中不全；后来到台湾访学，竟然在台北南港“中央研究院”的图书馆藏书中查到了其余的一部分。估计类似的情况还会有，好端端的一套书却被山海分割；不仅是图书，就连北京故宫的无数珍宝，许多如今也是台北故宫的重要藏品。只要有一些中国近代史的基本知识，就足以从这些事例中感悟到经济所伴随国家兴替而赓续前行的史承轨迹。

经济所的学术传统体现在治学方面，凸显“理论”追求的鲜明特色，这也是我们不同于中国社科院经济学部其他研究所的重要科研特点。无论是理论性、应用性还是史学性质的专业，都具有科研方法探究与学术理论创新的明确追求。我曾结合长年的科研与教学写过一篇文章，里面专门阐述“学术创新及其主要标识”，一条条地阐述学术创新的主要标识；同时强调，要实现“创新”，首先是要“传承”，即了解、认识和继承前人的研究，然后才可能发展与创新。这不仅仅是治史的同学需要具备的学养，任何专业都是如此，都要在“扎实打好基本功”上下大工夫，若无“根底”，理论追求和学术创新只能是镜花水月。我们有时听人说治学要“入流”，就是自己的研究要能够融入专业性学术流脉当中去并得到承认。这样的“流脉”就是学术的继承与发展的宏大谱系，这大概就是“学术共同体”的共识。我们可以看到某些“创建”出来的时兴的“某某学”，就是因为缺乏学术积淀而“未入流”，得不到学理性承认而昙花一现，受过严格的专业训练者不应如此。

大家来求学，可能会想到治学有什么“捷径”或“诀窍”？其实，答案就是多读书、善读书、读好书！诚然，学海无涯而人生有限，不可能漫无边际什么书都读，“平均地使用力气”为不智。知道应该读什么书、到哪里去找、应该怎么读，这本身就是学问！不能仅仅满足于导师开出的书单，或别人著作后面的参考文献，更不要说连别人用过的文献都抄错了。应当在“一手文献”上下工夫！希望大家注重学习方法和理解问题，才有可能提出需要解决的科研问题。在科学的道路上，有时提出问题比解决问题更难；提不出学术问题，怎么写学位论文？所以，要扎扎实实打基础，不断培育和深化做科研的基本功和“问题意识”。

我看到今年的新同学中有不少女生，这和我们读书的时候不同了。作为这里在座的唯一女性教师，我要特别对女生谈点自己的体会。女生治学，刻苦努力者有之、认真严谨者也不乏其人，却有一种大家都知道的说法，即女性大经济学家很少。为什么呢？梁小民教授曾撰文论证“为什么女经济学家不多？”他也肯定了国内几位女经济学家令他“自叹弗如”。我以为，女生治学要特别注重理论素养的培育，在认真严谨的同时，还应当具有广博的视域、敏锐而独到的眼光，以及善用分析工具的智慧，这些需要从学生时代就刻意训练和培养。企盼你们当中多出优秀的女经济学家！当然，这些也同样适用于男生。

我还想对学经济史学专业的同学多说几句。中国经济史和中国经济思想史都是经济所的传统“长项”学科，前辈学者开创了若干领先于国内国际的研究领域和科研业绩。吴承明先生提出“经济史应当成为经济学之源”，这就对我们学史的同学提出了更高的要求。许多年来，同行学者都对一批批新生寄予厚望，希望多出高层次人才；一些学术刊物包括本所的《中国经济史研究》都着力刊登青年才俊的研究成果，以期经济史学研究后继有人。为了经济学术的薪火相传、为了中国经济史学的持续发展，我本人也相当关注相关问题。从2015年起我们将在人大复印报刊资料《经济史》开设“硕博论坛”，专门选载在校学生的研究论文，勉励新人扎实治学、勇于探索，共同推进中国经济学术事业的深进与发展。

前人的经验提示我们，治学的经历同时也是做人的过程，我们的前辈都很重视“道德文章”。我们所从事的尽管是经济学的学习和研究，但要注意经济意义的“投入—产出”在治学的过程中尤其是在经济学家的人文关怀中都会显现其局限性。常言道，时光飞逝如“白马过隙”。攻读学位的这几年，也是大家一生中重要而特殊的人生阶段，是能够集中时间“静心修炼”的难得机会，需要好好把握、专心致志和不断自省。“敬

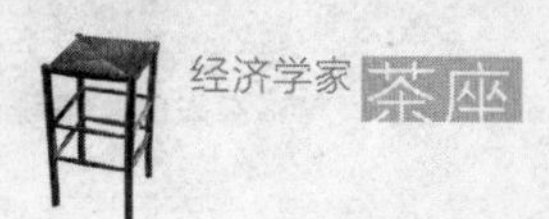

畏学术”这四个字非常重要，相信大家能够在不断地体悟与践行之中受益无穷。

希望同学们珍惜宝贵的光阴和来之不易的机会，祝愿大家健康、快乐、顺利！

谢谢大家！

（作者系中国社会科学院经济研究所研究员）

歧视的经济学分析 / 李俊慧

从经济学这个撇开道德审判的科学角度来看“歧视”，我们要问的不是应不应该歧视，而是为什么会出现歧视。

一个人对社会能做出某种程度的贡献，社会却因为他的种族、肤色、性别、年龄等因素而不给予他相应的收入（甚至不给予让他能做出该种程度贡献的职位而根本无法获取相应收入），就可称为“歧视”。从这个客观而明确的定义来看，歧视的确不是好事，但原因不是道德伦理所主张的不公平，而是它使得一个人能够对社会做出贡献的潜力发挥不出来，损害了社会的整体利益。

歧视既然损害社会整体利益，那么自私的人怎么还会选择这种行为呢？仔细地想，歧视其实不是因为某个具体的人而形成，而是针对某个群体。这一定是因为某个群体对社会的贡献确实比较低，或者甚至是对社会造成的是损害而不是贡献，则其他人“低看”这个群体，其实就不算是歧视了。通常来说书生多是手无缚鸡之力的人，是没能力去扛重物的，一件扛重物的工作不会招聘书生来做，这算什么歧视呢？只是，具体到某个人，有可能他的情况与他被划入的群体不尽相同，甚至大不一样，于是出现了其他人用群体特性（就是所谓的“stereotype”）来推断他的个人情况出错的结果。有某个书生可能真的是力大如牛，扛重物也视若等闲，他来应聘这份工作却被拒绝，不但他找不到工作是对他不利之事，对雇主也是个损失。显然，用群体特性来推断某个具体个人的情况出错，是信息费用造成的。雇主逐一仔细调查某个具体个人的情况，信息费用太高，他就只是简单地根据这个人所归属的群体特性来推断，不是他不知道有出错的可能性，而是这可能性不高，是小概率事件，冒一下出错的风险还是值得的。

也就是说，在自私假设的约束下，针对群体的所谓“歧视”一定都是有其道理的，不可能真的仅仅因为“不喜欢”某个群体的心理因素而形成。先从性别歧视说起吧。为什么企业“不喜欢”招聘女性员工？略作调查就已经能找到很多事实证明女性员工的使用成本显著高于男性。之前一个电视台的人托请我给他找些实习生，他们确实非常需要招聘新人，对于学校是否名牌大学都不介意，但就是比较想招男生。为什么呢？

他举个简单的例子：好比要出差，如果只派一个人，因为要搬摄像设备等重物，男生就优于女生。但通常出差都是派两个人，一个负责摄影，一个负责采访。两个都是女生的话又要面临搬运摄像设备等重物的问题，一男一女的话住宿时就得开两个房间而导致成本大增，那自然是两个都是男生的情况最好了。至于年轻女性招进来没过多久就会恋爱、结婚、生子……一大半心思都放到家庭那边去，远远不如男生能全身心投入工作好用，就更不必说了。

就是这样，女性在生理上天然地劣于男性，本来就已经使得女性的劳动力质量低于其他情况一样的男性，再加上社会对其在家庭中的分工定位也使得一个女性的劳动力质量即使与另一个男性完全一样，她真正能投入工作的比例也低于男性，等于企业只能用了半个人，则怎么能怨怪企业“歧视”女性呢？说到底，传统观念将男性与女性在家庭与社会中的分工定位为“女主内，男主外”，恰恰是适应了女性与男性在生理上的不同而形成的。要不是现代社会的大量工作比起古代之时已经是对体力的要求大为降低，女性也能在外工作根本是不可思议之事。是技术进步带来了所谓的“妇女解放”“男女平等”的观念，而不是这些观念使女性能承担更多的家庭之外的社会工作。

既然观念的变化其实是技术进步的果，而不是女性也可以被社会职位接纳的因，则可想而知政府以政策干预“歧视”并不能改变观念。就以中外的对比为例。中国没有要求企业必须雇佣女性的硬性规定，但中国职场上女性的比例远超外国。有些外国有这类规定，如德国要求每五个雇员之中必须有一个女性，而且必须同工同酬。但女性员工的用人成本比男性员工高是事实，如此规定一来是导致其他生产要素的租值（包括男性员工的贡献）被女性员工蚕食，导致低租值的企业难以生存，减少了整个社会的企业数量，从而减少了所有人的就业机会；二来则是女性的贡献较少也能获得较高收入，这导致女性的竞争压力较少，需求定律支配下她们会比男性更倾向于不思进取。久而久之，女性不但先天的生理上与男性相比处于劣势，连后天的竞争力都比男性差，而这恰恰是政府名为防止歧视、实为“过度保护”的政策造成的。在这种情况下，社会对女性的歧视其实只会更严重，而绝不会更轻。因为工作是勉强给了你，但对你的尊重不是政府的政策可以强迫就能产生的。

反观中国，乍一看就业的领域满是对女性的歧视，但其实整个社会重男轻女的观念大有改变。去逛逛农贸市场吧，那些本该是男性主导的力气活现在却大多是女性做主导，做丈夫的反而是做些打下手的事。再去看看农村，盖了新房的人家往往是生了女儿，新房是女儿寄钱回来盖的；还是破旧房子的人家往往是生了儿子，儿子就算出外打工挣了钱却都给妻子拿走了去补贴娘家。女性无论在毫无政府保护（其实是管制）的社会领域，还是在家庭之中，地位明显都是越来越强势。说到农村，为什么那里的观念相对于城市更加重男轻女，也是有原因的。与一位出身农村的朋友一席谈，本来是听她讲自己在农村度过的童年往事，却让我深深地体会到在以前的农村里男丁是何其重要！在政府的管治鞭长莫及的农村，竞争准则很多时候仍是武力决定胜负，一个家庭如果没有男丁，或者是男丁少，被其他人随意欺负的几率大增。生男孩不仅仅是为了传宗接代，更是保护家庭财产与利益的关键所在。但随着农业社会转向工商业社会，政府的管治能力也越来越深入到农村，男性在好勇斗狠的竞争中占据上风的优势越来越微弱，农村人的观念也尽管缓慢、但确实在变化着。

而正因为职场上中国女性没有政府的政策保护而显得比男性艰难，中国女性在竞争压力下比男性更积极地增加自己的个人租值。现在社会普遍流行的观念是：女性天生在生理上是劣于男性，但后天的竞争力女性比男性更优秀。有人认为那是因为中国的应试教育更有利于女生早早胜出，上的学校比同龄的男生好，受到的教育也就比较好。但“女汉子”“伪娘”等新词的涌现，反映着中国女性承受的竞争压力大于男性，结果是女性的竞争力被磨砺得比男性更强。这并不是中国女性的可怜，而是中国女性的可敬！正如中国人的竞争压力大于西方发达国家，中国人更勤奋拼搏，西方人相比之下显得懒惰成性，这不是中国人的可怜，而是中国人的可敬。财富是靠勤奋工作才能源源不断地创造出来的，懒惰享受只是坐吃山空（蚕食租值）而已，没什么值得羡慕向往的。

转向种族歧视的现象。为什么黑人比较受歧视？最初在没有政府管制的时候，黑人刚刚从奴隶身份解放出来，他们的劳动能力在客观上就是比白人要差。因为他们长期作为奴隶，获得的劳动能力的培养或教育都是家庭或庄园之内的劳作，他们并不拥有社会上的一般职业所需要的技能。这其实跟工业革命时期大量农民涌到城市的时候的情况类似，农民们原有的技能都是农业方面的，在工业社会里一下子贬值为一文不值，只剩下出卖体力（所谓的“血汗”）来挣钱。任何社会都有城里人瞧不起乡下人的情况，只是因为没有跟种族、肤色关联起来，就没有觉得是歧视。马克思的时代就是西方国家正处于那个时代，他也被一腔热血蒙蔽了眼睛，认定工人被资本家剥削了，是阶级之间的矛盾。要是加入种族因素，可以想象他会把剥削换成歧视。

由此可以推想，如果政府一直不加干预，黑人会像初入城市的农民那样，先作为无技术、低技术的劳动者参与企业的生产，所得收入当然比白人低，表面看是对黑人

的歧视，其实只是对这个群体里的劳动力普遍都是无技术、低技术的事实的反映。久而久之，黑人也会像农民工那样，通过“干中学”积累起个人租值，收入就会慢慢上升至与白人一样，所谓的歧视会自然而然地消失。因为如果一个黑人的劳动力质量确实不比白人差，也就是他对企业的贡献不比白人低，即使他最初因为受到歧视（企业老板以黑人群体的特性来错误地推断他的劳动力质量）而只有降低工资要求才能入职（总有低租值的企业需要这种质量不高但成本也低廉的劳动力），但在工作过程中他显示出其劳动力质量不比白人差的事实，企业老板对他的信息费用就会下降。黑人群体中这样的黑人数量越来越多，渐渐就能扭转整个社会对该群体的不良印象。这才是改变歧视观念最有效的办法。

然而，不幸的是政府横加干预，制定政策想人为改变歧视的观念，禁止企业歧视黑人，规定企业必须招聘一定比例的黑人，且必须同工同酬。情况就跟上述所说的政府制定对女性员工的偏向性政策一样，想以此纠正歧视的偏向，客观结果却是反而使得整个社会歧视黑人的观念更加固化了。因为黑人受到的竞争压力被政府的这种偏向性政策人为地减轻，反而使得黑人在需求定律的支配下倾向于不思进取，不是积极地提高自身的租值来对抗歧视，企业即使迫于政策而勉强给了黑人员工一份工作，但黑人“无能”的形象从整体上并没有得到改变，反而还多了“懒惰”这一项，要获得真正的尊重，更是无从谈起。更进一步说，直接来自于政府而非企业所提供的社会福利，本身对于穷人就有养懒人的特性，而当一个社会中的穷人的主体是黑人时，穷人被养懒直接就成了黑人被养懒。黑人智商低下、懒惰成性的观念越发地固化。

网友“那她他”在做我在网上发布的关于不能用民族性来解释现象的作业时写了以下内容，正好回答了“黑人是否天生懒惰”的问题：

有一次和同事讨论起非洲人很穷，有同事说非洲人天生就是很懒啊，我们派去农业专家教他们种植，结果他们就在边上看着，变成专家给他们打工了。我说我在学校时，看到有个黑人，是某部族酋长的儿子，来读研究生的，非常勤快，每天割草喂羊，导师也很器重他，一直读到博士。这位同事马上说，他是个例！另一个同事说的确是有好多黑人来华留学，学习农田水利畜牧兽医的，积极性很高。结果先前的同事就称，他们到了中国以后被带勤快了。然后我又反驳中国学生懒的也很多……一直到最后，谁也没说出个所以然。最近看到有个和上面的争论类似的笑话，是美国慈善机构去非洲，教当地人种植西红柿，西红柿成熟后，还没来得及采，从远处奔来一群河马将其吃个精光，非洲人笑话老美，我们早知会如此，所以不种，老美只好自嘲，至少我们喂饱了河马。试想，即使不是河马，还有其他各种动物会偷食，即使防住了动物，如果没有强有力的私产保护，偷盗抢劫案居高不下，自私的人仍然不会选择从事生产活动。所以非洲人穷、懒，绝不是什么民族劣根性，一定是当地对私产保护不力。

总而言之，某个群体被歧视，一定有它的道理，客观地追寻背后的局限条件往往会发现其实不是歧视，而是正确的“低看”。但个别人未必具有该群体被打上标签的那种特性，他被错误评价才真的是受到歧视，这是信息费用的问题。重要的是政府干预不但不能从根本上解决问题，反而只会固化了歧视的观念。让个别不具有该群体特性的人先接受貌似不公平的较低收入，进入企业在实际工作中降低雇主的信息费用，至少能改变针对他个人的错误评价。以此为激励，群体中的其他人在歧视所形成的较大的竞争压力下力争上游，渐渐改变整体的状况，才能从根本上扭转人们对这个群体的“低看”，所谓歧视也就慢慢消失。

（作者系中山大学经济学博士）

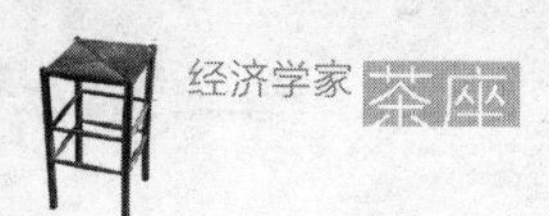

经济学为什么以及如何研究公益慈善？

/ 李华芳

不同于专挑热门问题来谈的做法，这篇短文想谈谈两个“偏门”问题：一，经济学为什么要研究公益慈善？二，经济学如何研究公益慈善？

一、为什么要研究公益慈善？

简单来说，是因为公益慈善的特殊性挑战了传统的经济学理论，因此必须要对此进行研究。公益慈善是个很特殊的领域，不同于政府强制征税而后分配公共物品提供公共服务，也不同于市场交换私人物品，而是通过筹集一部分人的自愿捐赠用于另一部分人来增进社会福利。也就是说，在政府（强制征税）和市场（自愿交换）之外，还存在公益慈善（社会自治），以各种形式在生产和分配资源。公益慈善的历史非常悠久，以至于就像是人类社会少不了的东西一样。

上述制度形式上的特殊性对经济学研究公益慈善组织提出了要求，反正横竖都已经背上了经济学帝国主义的骂名，攻城略地再一次也不多。但真正要紧的是公益慈善行为挑战传统经济学的基本假设，即自愿提供公共品或者公共服务，与利益最大化的理性人假设之间有潜在冲突。从利益最大化的假设来看，是不应该出现“捐赠”行为的，同时也难以解释为什么会出现志愿者。当然，现在行为经济学的发展已经部分修正了利益最大化的假设，而这中间公益慈善领域的研究功不可没。

所以，研究公益慈善一来是为了回应为什么会有非营利组织这种现实的组织形式存在；二来是挑战传统的利益最大化的理性人假设，既有现实意义，又有理论意义，值得研究。

二、公益慈善的经济学分析

经济学如何研究公益慈善问题？这大概可以分成三个层次：第一层是国家与非营

利组织的关系问题；第二层是非营利组织的管理问题，例如筹款募捐；第三层是个人从事公益慈善的行为和动机问题。

1. 宏观层面

就国家和非营利组织关系而言，最重要的经济学问题就是税收政策对非营利组织活动的影响。一般来说，如果税收优惠幅度加大，那么会出现非营利组织设立增多的情况，同时也有助于现有的非营利组织扩大活动范围。当然，税收优惠其实主要是针对个人和公司捐款者，如果税收抵扣，就相当于降低了捐款的“价格”，因此会刺激捐款增加。

但即便在税率不变的情况下，有两种情况也会刺激捐赠的增长。一种是重大灾害发生，例如中国汶川地震后，个人和上市公司都捐赠了大量金钱。另一种情况是宏观经济发展很好，企业赚到钱，那么也会有较大的捐赠增长，往往与经济涨幅相当。不过，在经济萧条时期，捐赠虽然减少，但减少的幅度往往没有经济降幅那么大。

2. 组织层面

第二个层面涉及非营利组织的管理，尤其是财务管理。其中对于非营利组织而言，关键是吸收捐赠，也就是所谓的筹款。这一块容我多说几句，因为相对而言是经济学研究非常集中的领域。

首先，非营利组织要会讲故事。对于一个非营利组织而言，在初始阶段最重要的策略是生存下去，因此除了精打细算之外，更要广开财源，吸引捐赠。但要募捐也需要成本，所以怎样募捐尤其重要。非营利组织需要将每一分钱都花在刀刃上，这也意味着花在募捐上的钱最好能产生最高的回报。

非营利组织一个常见的募捐手段是向潜在捐款人发送自己的信息，不管是通过年报的形式，还是通过通讯的形式，都试图向捐款人传达自己组织是一个高效组织的信号，以便获得更多的捐赠。

但这种不管是邮寄还是电子邮件传达组织高效的信息是不是真的产生了效果呢？毕竟就算邮寄和电子邮件的成本已经非常低，但设计邮件内容依旧是一个重要的费时费力的工作，成本其实并不低。如果这种既费时又费力的手段不能产生预期的效果，那么钱就打了水漂。

而且向捐款人传达组织高效的信息往往是假定捐款人都是特别理性，会详细核查组织提供的信息，比如说从年报里比较项目经费和行政成本的比率，然后看看是不是逐年提高来确定组织是否的确在提高其绩效。

捐款人是不是真的如此理智呢？实际上不尽然。大部分人在大部分时间里，正如卡尼曼在《思考，快与慢》一书中所言，是系统1型的决策，也就是依靠直觉或者情感性决策。而不是系统2型的决策，因为系统2需要更多的理智，进行心智上的计算等。比如说我对这个非营利组织有感情，或者好像听说这个非营利组织还不错因为我认识其中的一个人是个好人等，此类信息完全不同于非营利组织提供的绩效信息，但此类能激发情感性决策的信息往往被非营利组织忽略了。

如果非营利组织能有效利用此类激发情感性决策的信息，也许就能更加有效地募捐，并且在长期来看有助于塑造非营利组织的品牌和影响力，有影响投资的效果。此类信息中最常见的恐怕就是“讲故事”了。

讲故事的力量绝对不可小觑。我和我的合作者们最近利用实验手段研究了“故事的力量”。对于对照组，我们简单要求实验参与者捐款给一组非营利组织中的一家；对于实验组，我们提供给实验参与者一张纸，上面有在2013年地震之后重建雅安的故事，然后我们也要求实验组的参与者捐款给一组非营利组织中的一家。我们发现实验组参与者的平均捐赠率要显著高于对照组。这就表明讲故事在提升捐赠率方面是十分有效果的。

为什么讲故事会有这样神奇的力量呢？主要的原因还是上面说的，捐款人更多是情感性决策，所以更容易被故事所打动。

但讲故事的方式千差万别，比如说有些故事是一张图片配以煽情的言辞，有些故事具备时间地点人物并有统计数字。再具体一点，好比希望工程的宣传用一张女孩的图片，一图胜千言；而我们在灾后重建雅安的故事里则使用了民政部关于受灾人数和预计重建所需资金的数据。这两种故事都有助于激发情感性决策，到底哪一种故事更有效果呢？我们暂时没有结论。但根据此前的研究，例如乔治·鲁文斯坦和合作者几年前的一项工作表明“一图胜千言”的故事更加有效。

其次，非营利组织要善于披露信息。非营利组织要如何传达自己的绩效信息，才能为下一轮高效筹款奠定基础？这一直是困扰非营利组织的重要问题。通常而言，非营利组织都希望展示自身的美好一面，试图吸引更多的捐赠，以便用于组织的进一步发展。

但愿望是美好的，现实往往不尽如人意。比如说你展示了信息，但没有人关注到，所以未能进一步提高捐赠。或者说你展示了信息，但展示的方式不对，所以也未能帮助下一轮筹款。非营利组织传达信息的方式和要传达的信息本身可能一样重要，甚至在一定条件下，比信息本身更加重要。

以下两个例子展示了非营利组织应该如何有效传递绩效信息，尽管这都是美国非营利组织的例子，但也可以为中国非营利组织的发展提供些许借鉴意义。

第一个例子是非营利组织要不要向潜在捐款人报告自己接受了政府的资助。在这个复杂的世界里，政府与非营利组织之间的界限已经不那么泾渭分明，在大量的社会领域，政府和非营利组织实际上是一起合作来解决社会难题。因此，政府也往往会拨款给非营利组织。那么，非营利组织要不要接受政府拨款呢？

接受政府拨款对非营利组织而言，往往有两种不同的且相互冲突的影响。一方面，接受政府拨款有可能会挤出其他捐款人的捐款，因为捐款人会认为你既然有了政府的钱，那么就不需要我的钱，我可以把钱捐给其他没有接受政府拨款的组织。而另一方面，政府拨款往往又显示出这个非营利组织有所长，显示了其良好的工作能力和声誉，捐款人可能会想：连政府都拨款给它，说明它比较可靠，那么捐款人反而会更加乐意捐款给它。这样就会发生“挤入”现象，即政府拨款吸引了更多捐赠。

不过大量的经验研究表明，“挤出”是主流现象。罗格斯大学的金米瑞（Mirae Kim）和合作者研究表明除了少数艺术类的非营利组织在偶然的情况下会产生挤入效应外，大部分都是挤出的。也就是说，对大部分非营利组织而言，如果接受政府捐款，那么其他个人捐款者就会减少捐赠。这样一来，对于非营利组织来说，要不要接受政府捐赠，就需要平衡挤出的“分量”是不是大于政府的拨款，而且还需要考虑接受政府拨款在长期是不是会造成组织的财务来源单一化。如果挤出量大，且长期上组织预期政府拨款会有负面影响，那么就不应该在短期接受政府拨款。

另一个例子与人员经费相关。通常而言，捐款人希望自己的钱直接用在项目上，而不是用于非营利组织的人员管理上。因此，如果非营利组织的人员经费很高，往往就会对募捐产生不良的影响。因为捐款人可能会觉得这个非营利组织效率比较低下，所以还是不要捐给它了。尽管人员经费高低与组织绩效高低之间的关系还不是很明确，但捐款人这种先入为主的意见确实是根深蒂固的。

但是，有些捐款人会追求自己的捐款影响最大化，因此即便有比较高的人员费用，如果影响力更大的话，这种高人员费用对这些捐款人影响不大。

那么，非营利组织到底应该怎么样汇报自己的人员经费呢？假如说现在非营利组织获得了一笔钱，足够负担人员经费，那么是应该说服捐款人把这笔钱用于人员经费还是用于项目的种子基金或者募捐的配比资金呢？

如果用于项目的种子基金，就相当于说项目总共需要多少钱，但有一部分我们已经募集到了，只需后来的捐款人补上缺口即可；如果用于募捐的配比资金，就相当于对捐款人说如果你捐 1 元，我们就相应捐出 1 元甚至更多。之前的经验表明这两种手段都能有效提高捐赠。

加州大学圣地亚哥分校的格尼茨（Uri Gneezy）等人就一教育慈善项目向四万名在过去 5 年中曾经为类似教育项目捐款的美国人寄送邮件进行募捐。他们随机把人分成四组。第一组是对照组，告诉人们这个慈善组织为一个将在美国多地实施的教育项目筹款，需要 2 万美元，你可以捐 20、50 或 100 美元，这是基本信息；第二组在第一组信息的基础上告知该教育项目已经获得了 1 万美元种子基金；第三组除了基本信息，还告知如果捐款人捐 1 美元，会有额外 1 美元的配比资金，这个配比资金的上限是 1 万美元；第四组除了基本信息，还告诉捐款人已经获得了 1 万美元付清了该项目的人员费用。

结果发现控制组、种子基金组、配比资金组和付清管理费用组募捐所得款项分别是 8,040 美元、13,220 美元、12,210 美元、和 23,120 美元。付清管理费用组吸引了更多的捐赠。但捐款者平均捐款额分别是 23.93 美元、27.83 美元、27.69 美元和 27.04 美元，并没有显著差异。只不过四组的捐款人数占总人数的比例分别是 3.36%、4.75%、4.41% 和 8.55%，表明付清管理费用对捐款人有更大的吸引力。

这两个例子对非营利组织的实际运作有直接的启示。首先，如果你不是一家与艺术相关的非营利组织，接受政府拨款之前最好仔细思量一下，要平衡政府拨款带来的收益和损失。其次，如果你有一笔钱既可以用于直接支持项目（种子基金），也可以用于筹款（配比资金），还可以用于人员经费，那么最好将这笔钱用于付清人员经费，因为这有助于吸引更多的捐款人。

3. 个人层面

大部分公共品博弈实验和独裁者博弈实验，都证明了人的决策系统性偏离“利益最大化”的假设。而在与公益慈善相关的研究中，经济学家也发现人受 James Anderioni 提到的“温情效应”（warm glow）的影响，人们做好事就会感觉好。并且这种感觉好是单纯的感觉好，而无需其他额外的回报。

不过此外，人们也会对捐赠里的“经济动机”起反应。这里面要特别提到 John List，Dean Karlan 和上面提到的格尼茨（Uri Gneezy）等人的工作。因为这几个人都是使用实验方法来研究种子资金、匹配资金和小礼物等对捐赠的影响。这个其实和上面非营利组织在组织层面采用的募捐策略也无法分开，因为募捐策略往往都是针对人性展开的。

大体上，这些人用不同的实验发现种子基金、匹配资金和小礼物等都有助于提高捐赠率，但具体细节上还有很多变数。就其中匹配而言，John List 和合作者的研究就表明你捐一元我匹配一元和我匹配二元甚至三元没有太大的差别。所以，重点是有没有匹配，而不是匹配多少的问题。

就捐赠小礼物而言，结果也比较复杂。有一种特殊的捐赠我前面没有提到，这里可以说一说，那就是“献血”。中国有不少地方政府出台了一些地方政策来鼓励“献血”，有一些制度涉及具体的奖励。比如宁波市就出台政策奖励献血者，献血者在公立医院可以免费就诊，可以免费乘坐公交，以及可以免费游览公共旅游景点等。

针对这些具体的“物质性”的奖励，批评者认为会异化“无偿献血”。因为无偿献血本身图的就是“温情”（warm-glow），要么基于同情共感产生纯粹利他的行为，要么是出于缓解自己负面情绪需要而做出自我利他的行为。如果对这种行为进行经济或物质刺激，那么最终就会使这种行为变更其原本的含义，从而使得利他的意味“变质”（按照经济学的看法就是“贬值”）。

但经济学家认为激励机制相当重要，会改变人类行为，所以给奖励就会增加献血。这与上述视角是冲突的，因此真正的问题是“真实世界里怎么样？”简单来说，奖励献血反而会降低献血这个假说，于 20 世纪 70 年代初就由 Richard Titmuss 提出来了。1972 年，经济学家阿罗（没错，就是那个“阿罗不可能性定理”中提到的阿罗）就从经济学上反驳了这一假说。不过之后双方都停留在理论争议上，没有实证研究。直到 1997 年，Bruno Frey 和合作者在最顶尖的经济学杂志《美国经济学评论》（American Economic Review）上发表了一篇文章，认为 Titmuss 是对的。不过作者并没有直接用献血的证据，而是用愿不愿意接受废物处理设置来拟合。作者认为这有一种 crowding out 的效应，就好比提高献血的外部回报挤出了由无偿献血导致的内部回报。

但这毕竟只是个接近的研究，而不是直接针对献血的。2008 年，哥德堡大学的经济学家 Carl Mellström 和合作者用实验的方式来看 Titmuss 是不是对的。他们的文章发表在《欧洲经济学会期刊》上，结论要稍微复杂一些。他们有三个不同的设计，针对随机选取的三组人，第一组让他们献血，但没有任何回报；第二组献血有大概 7 美元报酬；第三组献血者可以选择自己拿 7 美元或者把 7 美元捐给一个慈善组织。结果发现对男性献血者来说，三组没啥差异；但对女性献血者来说，给 7 美元的确显著降低

了献血率。这证实了 Titmuss 的猜想。

事情还没有完。Alois Stutzer 在同一年做了另一个实验，一组献血发一张彩票，另一组提供免费胆固醇检测，名义价值差不多，但彩票极大提升了献血率。这又表明献血者的确对经济刺激有反应。

2009 年，Nicola Lacetera 及合作者提出说可能是发钱的方法不对，如果不直接发钱，发点其他的等值物品，可能既能满足人的“虚荣”，不那么赤裸裸地要钱；但同时却也又巧妙满足了人们要钱的经济动机。这是真的吗？他们用发等值券对照发钱，发现如果给献血者发小钱，的确会降低献血；但发等值的券，却没有产生类似的效应。所以，小结起来就是，目前的实际证据没有办法证明 Titmuss 假说完全正确，也没有办法完全推翻经济学关于激励有效性的假设。实际情况可能要复杂一些。

总之，研究慈善公益既有理论挑战也有现实意义，值得研究。而慈善公益里头的研究不仅复杂，也充满趣味，更值得进一步研究。

（作者系 Rutgers 大学公共事务与管理学院博士生）

语言对经济行为的影响 / 张卫国

中国有句老话儿，“嘴里蹦出金豆子”。我们平时所讲的语言果真有这么神奇吗？金豆子当然只是一种比喻，但新近的研究表明，语言的结构会影响我们对未来事物的判断和决策，甚至可以决定你未来的健康和财富。说白了，如果你讲英语，那么和讲汉语的人相比，你储蓄较少，退休时留给后半生养老的“过河钱”较少，吸烟更多，性行为时较少采取避孕措施，肥胖的可能性更大。这是美国加州大学洛杉矶分校副教授、行为经济学家陈基思（Keith M. Chen）的最新研究发现，这项分析结果发表在 2013 年第 2 期的《美国经济评论》上（注：该论文发表时，陈的工作单位为耶鲁大学）。

20 世纪初，美国语言学家萨丕尔曾认为语言对思维有着深刻影响，提出“语言影响人类关于现实世界概念系统的形成”这一设想，经其学生沃尔夫的充实和发展，进一步提炼出语言塑造人类行为的观点，形成了语言三段论：①语言结构差异论，语言 A 的结构不同于语言 B 的结构；②语言文化相关论，文化 A 与文化 B 的行为结构差异同语言 A 与语言 B 的结构差异有关联；③语言决定论，语言 A 的结构决定文化 A 的行为结构。后人称之为“萨皮尔–沃尔夫假说”。事实上，该假说有强、弱两个版本。以颜色为例，强假设之下，解码字典中只有红、白、黑的纳瓦霍人（美国最大的印第安部落）很难分清绿色和蓝色。而澳大利亚昆士兰的 Thaayorre 人的字典中没有左右的概念，必须时刻依靠东西南北来判断自己的位置，从而提高了他们对地理和天文标识的感知。弱假设的解释范围则宽泛了许多，即便是同质人群，由于他们讲不同的语言，行为方式上会有所不同。拿储蓄和消费来说，为什么中国人更倾向于节俭和储蓄，而每到下午时分，英国人宁愿懒散自得地品着下午茶，也不做别的什么事情？历史、文化、心理等因素已经给出了众多解释，陈基思则认为，语法在这里起到了重要作用。他的研究催生了一个新名词——沃尔夫经济学（Whorfian Economics）。

为什么经济规模和政治体制看起来都很相似的国家之间，国民的储蓄习惯差别巨大？这是亚当·斯密古典政治经济学时代就被提出的一个古老的经济学问题。通过比较经合组织（OECD）成员国家近 25 年（1985 – 2010）的国民储蓄率，陈基思发现，

多数经合组织成员国年储蓄率超过 GDP 的 1/4，部分成员国的年储蓄率达到了 GDP 的 1/3，而希腊在过去 25 年国民储蓄率刚刚超过 10%，排名垫底。排名倒数第二、第三的是美国和英国。事实上，经合组织国家在政治体制和禀赋上都很相似，成员国的加入都需要符合民主政府、开放市场和自由贸易等要求。是什么造就了这些国家之间存在着储蓄率的巨大差别？是一个不太可能的因素，语言！听起来，是不是在讲天方夜谭？！

时间变量是经济学中一个重要的概念，语言上也是如此。世界上所有的语言都会谈到时间变化，体现在语法规则上，这便是时态。但是就像对颜色和方位的表达一样，不同的语言对时态的区分程度不同。有些语言区分强烈，例如在英语中需要用明确的语法变化来表示不同的时态。如果说，“过去下过雨”，英文表达为“It rained yesterday”；正在下雨，“It is raining now”；将要下雨，“It will rain tomorrow”。英语语法禁止人们说“It rains tomorrow”。而另一些语言对时态只有较弱的区分，甚至不是强制性的，对时间概念的表达常用现在时态，含义则从上下文中理解。中文可以说，“昨天下雨”“现在下雨”“明天下雨”。如果一字一词地翻译成英语，会让以英语为母语者听起来很怪异。陈基思认为，从更深层的角度来看，中文并没有将时间进行严格的分割，而英文则将此作为语言正确与否的准则之一。

不同语言对时态表达的要求不同，进而产生了一个有趣的假设，不同语言的语法规则迫使我们思考对时间的表达方式，这种惯性思维是否会影响到我们对不同时间段的偏好？想象我们的母语是这样一种语言：每次谈论到未来的时间或者未来要发生的事情时，我们需要在语法层面将未来和现在区分开来，认为两者之间有本质的区别。一方面，假设这种语言上的差别让我们每次说话的时候都意识到现在和未来的细微差别。如果这个假设成立，语言不断地提醒自己，未来事件是遥远的，此时让我们存钱可能就会困难一些。另一方面，如果我们的语言没有区分将来时态，说现在和未来的句式是一样的，那么会让人感到未来更加接近，某种程度上会让我们抵制住即时冲动，更倾向于存钱，实际上造成了对“未来”的投资。回到国民储蓄率上来，经合组织国家数据显示那些使用没有将来时态语言的国家往往都喜欢储蓄。其中平均的差异有多少呢？喜欢储蓄的国家的平均储蓄率约占 GDP 总量的 5%，并且这种趋势在 25 年的时间序列上都比较稳定。当然，这也可能只是一种巧合，现在下结论还为时过早，但它至少给人们提供了一个有趣的假设和进一步研究的空间。要验证这种关联是否存在，经济学家所要做的是检验、检验、再检验。

陈基思收集了全球范围的（经济）数据信息，包括欧洲的健康和退休调查、非洲人口健康调查和世界价值观调查的统计数据，总样本涉及全世界上百个国家上亿个家庭的储蓄行为信息。其中，九个多语社会国家（比利时、布吉纳法索、埃塞俄比亚、爱沙尼亚、尼日利亚、马来西亚、新加坡和瑞士）的国民中既有使用没有区分将来时态语言的人，也有使用区分了将来时态语言的人。这给研究带来了便利，因为可以匹配那些各个方面都近似相同但使用不同语言的家庭，通过控制所有层级的变量，检验语言和储蓄之间是否还存在着联系。陈基思匹配了家庭成员的出生地和居住地、性别和年龄等人口信息、收入水平、受教育程度以及家庭结构信息，并按婚姻、宗教信仰、国家法律制度和文化价值等作了详细的分类。单宗教一项就有 72 个种类。据说，如果穷尽所有的分类信息，最终可以有 14 亿种家庭分类形式。在如此精细的控制水平下，语言的时态特点是否还会影响到储蓄习惯？回答是肯定的。研究结果显示，语言中没有区分将来时态的人，在任一给定年份中储蓄的比例要高 31%。这种差异是否有累积效应？是的，到退休年龄的时候，在控制了收入时间趋势的情况下，那些语言中没有区分将来时态的人比区分了将来时态的人积累了多达 39% 的财富。

人们可能关心，这一结果是不是稳健呢？好吧，陈基思当然也想到了这一点，于是做了几个巧妙的稳健性检验。这里一个潜在的假设是，不区分将来时态的人认为未来就在眼前，所以要存钱，以备不时之需。如果我们把储蓄当作是对未来的投资，那么吸烟在某种程度上可以被看作是反向的储蓄。因为地球人都知道吸烟有害健康，如果说储蓄是增加当下的痛苦而增加未来的快感，吸烟则恰好相反，是用未来的痛苦换取当下的快感。换句话说，吸烟跟语言时态的关系应该与储蓄跟语言时态的关系相反。进一步研究结果准确地支持了这一推断。在其他因素趋近一致的家庭样本中，使用没有区分将来时态的人在任一时间上吸烟的概率要少 24%，经常健身的可能性多 29%，肥胖的概率相对少 13%，甚至在最近一次性行为中使用安全套的概率要高 21%。这些是对人们储蓄和消费决策以及健康相关行为的非常规解释，它告诉人们，也许我们应该更多地关注自己如何谈论未来，以提高我们的跨期决策。

在上述结果的解读上，一个重要的问题还在于如何理解语言的作用。事实上，语言的差异并不是导致人们具有不同储蓄行为的直接原因，而是语言反映了人们深层次的思维差异，这些差异驱动着人们有着不同的储蓄行为。当然，故事还远没有结束，这一研究的背后有着更广泛的意义。首先，语言学关于“萨匹尔—沃尔夫假说”的争论持续了半个世纪之多，这是经济学首次给出了经验解释；其次，语言经济学层面，

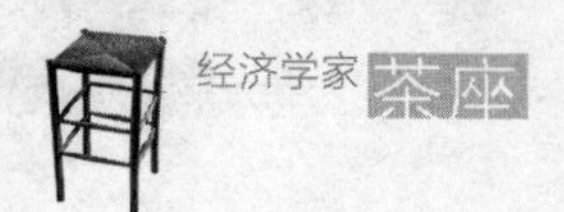

从马尔萨克（1965）到鲁宾斯坦（2000），一些研究关注语言是否最大化某些目标函数，陈基思的研究则进一步考察了语言是如何影响到人们的信念和决策的；最后，经济增长层面，为什么同样位置的国家和社会在经济发展上有巨大的差别，地理学家、生态学家、历史学家从地理、物种、气候和文化等角度都有精彩的解释，特别是Acemoglu、Robinson和Shleifer认为制度是重要的。这些理论的形成都是建立在对位置相同的国家和社会进行比较的基础上的。陈基思的研究虽然不是一个涉及发展和增长的理论，但它表明在发展经济学的国别比较上语言结构是一个重要的因素。

（作者系山东大学经济研究院副教授）

一个经济学研究人员的困惑 / 史宇鹏

本人是一名经济学的专业教师，从博士研究生到现在算起，对经济学的学习和研究已经有十几年了。在这十几年中，有两个关于经济学研究的困惑一直在我脑海里挥之不去。随着时间的推移，这些困惑不但没有解决，反而变得越发严重，以至于很多时候笔者的研究就是在这些困惑的笼罩下做出的。这些困惑涉及一些经济学研究的基本问题，我也不知道这种困惑只是我一人所有还是说其他人也有。在这里，我自揭其短，把我的这些困惑写下来，很不成熟，也比较零散，供各位读者批评、指正。

困惑一："科学至上"还是"问题第一"？

在经济学的学习和研究过程中，我遇到的第一个问题就是，究竟什么才是好的经济学研究？是把一个已知的问题论证得更加严密，尽量符合科学性的标准，还是提出一个有意思的问题，即使没有严格的论证（即不太符合严密的科学要求）？如果研究针对的是一个小问题甚至是大家都知道答案的问题，但在研究方法上有改进，有没有意义？如果提出了一个好的问题，但解决得很粗糙，这样的研究价值又如何？

问题的有趣和论证的严密，有时是统一的，但是我感觉在大多数情况下它们常常是对立的。举个例子，谁都知道制度很重要，但经济学界中又有多少人真正在研究制度？为什么出现这种现象？我想，一个很重要的原因是针对制度的研究很难符合科学性的标准。科学标准要求可证实可证伪，要可重复可预测；它的外在标志之一，是要能使用数学工具进行严格的论证。但是，对于制度研究来说，这些标准都很难达到。比如，从理论研究上说，如何将制度放在模型中？如果要做实证检验的话，如何解决内生性问题？目前的学术评价体系中，似乎按照的是"字典式偏好"：学术成果首先要满足科学性标准，再谈其他。一旦科学性的标准不满足，研究成果很难被同行认可，在目前的审稿制度下也很难发表出来。经济学者也是人，也要吃饭，先要满足生存需求，才能满足自我实现需求。所以，先满足科学性标准，把论文发出来，研究的意义就稍微做点牺牲吧。

我想，在科学性和有意义不能得兼的情况下，为了学科的发展牺牲点研究意义也许是学科严密化之后的必然选择。从个人阅读经历而言，我感觉相当多的论文把科学性放到了第一位，问题性放到了第二位。不过，这样的学术标准与我们所秉承的“文以载道”“经世济民”的文化传统又出现了一定的矛盾。写文章本身不是目的，而是要表达出来你对现实的理解和观察，要有一定的现实和人文关怀，对于本来就脱胎于现实观察的经济学来说更是如此，要不然有什么意义呢？但是，在目前的经济学评价体系下，研究的科学性与现实价值就像两个持不同观点的人把我拉来拉去一样，让我有时真的很苦恼，不知应该听谁的。

困惑二：“人本主义”还是“效率至上”？

研究经济学，当然要搞清楚它的研究目的是什么。和经济学其他问题一样，不同的学者可以有不同的回答，但从主流的观点来看，经济学的主要研究目的是研究稀缺资源如何达到有效的配置，这也是绝大多数经济学教科书持有的观点。从这个研究目的出发，经济学建立了非常宏伟也非常具有解释力的理论体系。比如，著名的帕累托效率标准、论述市场机制效率含义的福利经济学第一和第二定理等等。

但是，如同别的学科批评的那样，在讨论效率问题的时候，许多经济学理论可能确实节约了情感，很少给予“人”以真正的关怀。从基础理论上说，经济学是从个人利益角度出发来讨论问题的，没有从微观主体福利最大化角度出发得到的理论都被称为没有微观基础。一旦某种理论被大家这么认为，那么这个理论就危险了，因为等于说这个理论很不可靠。可见，经济学是很在乎个人利益的。可是，从另外一个方面说，经济学其实又很不在意每个活生生的人的利益。众所周知，经济学家往往有两种角色，一是研究人员，二是政策顾问。在现代经济学研究中，一个有趣的现象是，在经济学家证明所提出政策建议合理性的时候，往往要借助一个虚拟的参与者，一个无所不能的社会计划者（social planner）。他通常是仁慈的，“圣人常无心，以百姓心为心”，他的目的只是为了让社会的利益最大化。为了简化计算，所有人都被一个或几个符号、数字代表，关于效率和公平的讨论就像做数学题一样，无非就是在数字间进行比较。这样的简化方便了求解，但也有很大的弊端，那就是忽视了数字背后的人的存在。要知道，那些数字代表的不仅仅是数字，而是一个个有着七情六欲、有着自己的生活的人。但是，在追求效率、寻求社会利益最大化的过程中，这些被忽视了，一些本来应该有的人文关怀就此退居幕后。

举个例子来说，20世纪90年代经济学界曾经进行过国有企业改革的讨论。大家几乎一致认为，国有企业效率太低，冗员太多。从提高国企效率的角度来说，显然应该实行资源的优化组合，包括减员增效、工人下岗。这些措施的实行，确实提高了国企的竞争力，对整体经济的发展也起到了很大推动作用。但是，对于那些下岗的职工而言，他们的生活从此发生了巨变，稳定可期的生活一去不复返了。他们中的一些人甚至坠入了社会的底层，为生存而苦苦挣扎。总体而言，这样的变动无疑是有利于提高经济效率的，至少是卡尔多－希克斯意义上的效率改进，只是对于那些受到损害的个体而言，代价是非常高昂的。但是，又有多少基于经济学研究的政策建议，认真考虑了对下岗工人的人文关怀？在经济学研究中真的就只有效率至上？诚然，经济学研究中并非没有人文关怀，比如对合作与公平的研究一直存在，而且从长远来看（这是经济学的“杀手锏”之一），人本主义和效率至上是不矛盾的，因为很难想象没有人文关怀的效率能够长期维持；但至少在短期内，这两者可能会发生冲突。当冲突真的发生的时候，我们又该何去何从呢？我们所接受的经济学训练告诉我们，要坚持效率标准，但作为社会的一员，人文关怀又几乎是我们的本能。这真是一个两难的选择。

以上就是我在经济学研究中常常会感到的困惑。这些困惑时常困扰着我。“吾生也有涯，而知也无涯，以有涯随无涯，殆已；已而为知者，殆而已矣。”学术就是这样“困苦的”职业，因为总有解答不完的问题。当然，我也知道，这些困惑的出现很有可能是因为自己的经济学基础薄弱，分析问题不全面、不深入引起的，也许在学术大家的眼里，这些根本都不是什么问题，只是表明我对经济学的掌握还不够罢了。因此，写下这些感想，心里还是很忐忑不安的。恳请大家能够理解，如果能够对我的这些困惑给予解答，那就非常感谢了。

（作者系中央财经大学经济学院副教授）

海盗的遗产

——现代经济组织形态的先驱 / 黄　冠

伴随着“新航路”开拓而扩张的不仅仅是欧洲的文化、印度的香料、中国的丝绸和美洲的玉米，还有四海横行的海盗！无论是迪士尼的系列电影《加勒比海盗》还是日本当今最畅销的漫画《海贼王》，都试图用一种非现实的手法来讲述源远流长的海盗故事，藏于未知角落中的财宝、深海的怪物、游荡的魂灵、飘散的诅咒和时隐时现的美人鱼……这一切的一切都在刺激着男子汉的肾上腺素，一代又一代的年轻人面朝大海扬帆出海，最终汇成垂暮老人说给儿孙听的一个又一个离奇传说。这些从事着世界上最古老犯罪行业的人们在现今的文化产品中或是被描绘成不修边幅、阴险冷酷的恶人，或是被修饰成追逐梦想、反抗不公、昂扬向上的“傻瓜”。这种各走极端的叙述让人不禁疑惑：到底哪个才是海盗的“真面目”？而实际上，两个都是。在广袤的大海上，如倭寇一般残忍而阴险、嗜好烧杀掳掠的海盗有之；如郑芝龙一般深明大义、抗御外辱的海盗也有之。想要用一个词来概述海盗是不现实的，因为这些曾经“最自由”的人们，不但犯下了种种骇人听闻的劣迹，享受了闻所未闻的冒险，还创造了现代经济组织的原型。无论是股份制企业、民主表决、依法办事，还是员工保障制度，甚至连基金化运转都是这些海盗团伙最先搞出来的，如果不是“黑胡子”蒂奇在18世纪建国失败，说不定当今世界就会存在一个全新的国家形态（“黑胡子”蒂奇的名号绝对能让《海贼王》的书迷热血沸腾，可惜这个蒂奇没能成为国王，但他却成了现如今最知名的海盗，时间真的是一个奇妙的编剧）。如今海盗的时代已经过去，但其曾经的辉煌却不能简单归于他们生活的时代。时代给了他们舞台，但演出惊喜剧却是他们自己的本事。在此，就让我们剥去故事中离奇的情节、炫目的财富、精彩的人物，让我们专注于这些最成功海盗团伙的普适“家规”，看看除了无尽的财宝，海盗留给这个世界的真正“宝藏”。

从《海盗十诫》说起

被称为“黑色准男爵”的巴沙洛缪·罗伯茨无疑是世界上最成功的海盗之一，他不仅有在加勒比海横断大洋、击沉当时荷兰最大型战舰、洗劫四百多艘船只的辉煌战绩，还有着英俊的外表和传统英国绅士的温文有礼，他打破了一般人对海盗的形象，经常身穿高贵的红色马甲及马裤，帽子上亦插着红色羽毛，腰间插着两把火枪，并佩有宝剑。除了用品茶代替赌博酗酒外，他甚至还劝船员一同信奉基督教……如今，罗伯茨的形象，基本就是荧幕上海盗头领的经典形象，他带领的团伙也是当时世界上最有战斗力的团队，而这一切则要归功于他颁行的《海盗十诫》，内容如下：

对日常的一切事务每个人都有平等的表决权，但须遵守船长的命令；

偷取同伙的财物的人要被遗弃在荒岛上；

严禁在船上赌博；

晚上8点准时熄灯；

不许佩带不干净的武器，每个人都要时常擦洗自己的枪和刀；

不许携带儿童上船，勾引妇女者死；

临阵逃脱者死；

严禁私斗，可以在有公证人的情况下决斗，杀害同伴者要和死者绑在一起扔到海里；

在战斗中残废的人可以不干活留在船上，并从“公共储蓄”里领800块西班牙银币；

分战利品时，船长拿全部财物的15%，一名水手长、一名木匠和一名武装水手合起来分12.5%。

这个由罗伯茨创立的“十诫”很快成为海盗世界中的宪法（constitution）性文件，其第一戒条完全就是“民主集中”原则的翻版；第二、三和八戒条则规范了海盗团伙内部的处事原则，同时提供了解决争端的参照和明确的惩罚手段；第四、五戒条规范了作为战斗集团的海盗团伙的作息时间和最为重要的“生产工具”的保养标准；第六戒条对最有可能威胁海盗团伙稳定的两种行为明确禁止；而第七戒条则明确了团伙的底线和触及底线将要受到的惩罚；第九戒条一直被认为是现代企业保障制度和工伤保

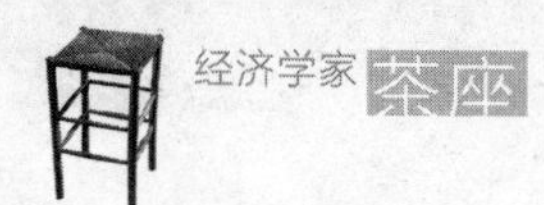

障制度的先驱，在海盗这样一个高风险行业，推出这样的保障制度可以有效地提高整个群体的凝聚力和战斗力，而与之配套的“公共储蓄”概念则保证了资金的充裕，同当今的各种基金可谓是同曲同工。第十戒条解决了海盗团伙中最为关键的“分赃”问题，用“宪法”的形式把按比例分配收益原则确定了下来。更为重要的是，第十戒条同时暗示了海盗团伙的组织结构——典型的团队模式。一艘船19名战斗组员，船长以下分成6个小团队，这些团队之间完全平等，收益平均分配，“民主集中”原则在其组织构架中再次得到了体现。总体来说，《海盗十诫》对一个海盗团伙的组织构建、运行原则、收益分配、不轨行为惩罚和成员保障等方方面面都做出了明确规定。抛开各种枝节性规定不谈，“十诫”最重要的作用是，通过“宪法”形式确定了海盗团体“民主集中”的股权决策原则、手段收益分配的效率加公平原则、手段组织架构的专业分工和团队化原则以及后来被发扬光大的企业保障制度和基金化运营。

“民主集中”的决策原则

在一个海盗团伙中，最重要的生产资料——海盗船是属于船长的，水手、领航员、厨师、船医和工匠等团员以其专业技能和战斗能力为凭借入伙，在海盗船长的带领下，他们升起骷髅旗在四海搏杀、掠夺财富。这就是一个典型的海盗团伙，也是一个典型的股份制运作的营利组织。一个海盗团伙中，拥有船只的海盗船长是最大的股东，而其他团员依据专业技能和战斗能力的大小而拥有不同的影响力。为了最大限度地汲取群体的智慧，同时又保证大股东的控制权，“民主集中”原则被创设出来。同现代的所有权和经营权相分离的企业组织不同，同旧家族作坊式企业也不同，海盗团伙中，海盗船长在没有分离所有权和经营权的情况下，均分了参与决策的权力，只保留了最终决定权。在决定要洗劫的目标前，海盗团伙通常会召开一个全体大会，由海盗船长提供议题，全体团员畅所欲言，一起分析方案的可行性、需要关注的重点、可能存在的风险……在充分考虑了各种可能性后，由海盗船长做出最终的决定，之后不论在会议上存在怎样的分歧冲突，整个海盗团伙都会遵从船长的指令，嚎叫着扑向他们的“受害者”。当一个海盗团伙的实力不断壮大，拥有更多的船舰和团员时，海盗首领就会开始分割自己的所有权和经营权，把多余船只的运营委托给其选定的各个船长，这些被委任的船长就扮演类似于今天的职业经理人的角色，而这个海盗团伙也成为拥有多个“子公司”的海盗集团。

收益分配的效益加公平原则、组织架构的专业分工和团队化原则

和一切营利性组织一样，海盗组织中最需要优先解决的问题同样是收益的分配问题。任何由组织赚取的利益如果不能得到合理的分配，必然引起组织成员的不满，这种不满轻则造成成员离心离德，重则造成组织分崩离析。对于一个职业犯罪团伙来说，无论轻重，这些后果都是无法承受的。为了尽可能避免收益分配造成的影响，海盗团伙创造性地引入了团队化这一制度，将不同专业的团员组成团队，以团队作为收益分配的基本单位，保证收益在各个团队之间得到均分。在团队内部，由于团队规模足够小，团员之间的博弈和交流可以尽可能充分，同时得益于“禁止私斗”和“公开决斗”两项原则，不可调和的矛盾可以获得“各安天命”的解决；另外，由于团队成员之间技能的互补性，促使团员之间出于工作需要而合作，互相了解，有力地促进了团队的团结。这样就从两个方面保证了收益分配可能引发的分歧冲突被消化或者释放在整个团伙的底层。此外，通过给船长个人略高于单一团队的待遇，在强调船长相对于单一团队的重要性的同时，又保证了从整体来看船长的收益并未高到令人反感，恰到好处地既强调了领导的重要性，又不会引起团员反感，从而保证了领导不会因为占有过多财富而被孤立。当然，如果海盗船长打算吃“独食”，把团员内部的贫富差距搞得过大，那么他面对的将是真切的死亡威胁，这就逼得船长们不得不去考虑如何“合理”地分配自己的财富。可以说，现代经济组织的架构和收益分配模式，根本就是一代代的海盗船长在金光闪闪的财富诱惑下和刀光霍霍的团员威胁下，生生逼出来的。

企业保障制度和基金化运营

海盗团伙毕竟是一个职业犯罪团伙，他们过的始终都是“刀尖舔血”的日子。为了保证每一个团员在“工作”（劫掠）中勇往直前，除了“后退者死”这样的威胁，还必须配合让他们打消后顾之忧的制度——企业保障制度。众所周知，在现代社会保障制度发展之前，人类面对的最大问题就是“丧失劳动能力”问题，而使人失去劳动能力的无非就是衰老和伤病两条途径而已。虽然找到使人丧失劳动能力的原因很简单，但是要解决丧失劳动能力者的问题却很困难，以至于“养儿防老”这样的手段竟然成了一个全球通行的保障手段，而这样的保障手段也严重制约了年轻人的发展。海盗团伙一定没有想到，他们为了保障团队有效运转而创立的保障制度，竟然会在百年之后成为全世界通行的、任何现代国家都不可或缺的社会保障。尤其值得一提的是，他们

不仅创立了现代的企业保障制度，而且还创造性地引入了“基金化”运营手段，这无疑为当今社会保障的运转提供了可以参照的范本。可以说，正是基金化运营的出现，才使得各国政府和各种社会组织有能力在为其成员提供社会保障的同时，还不会透支其发展的潜力。如果说前面提到的海盗团伙运营模式为现代经济组织的运营提供了范本，那么这个企业保障制度和基金化运营则是海盗留给世人的名副其实的宝藏。

汪洋大海，曾经是走投无路的男人们梦想翱翔的港湾，曾经是扬帆远航的海盗们快意恩仇，凭着本能去抢夺财富，也凭着本能去反抗霸权、追求自由的地方。在1691到1723年被称为海盗的“黄金时代”，当时海盗们挑战着别人不曾挑战的危险，也尝试着他人不曾尝试的道路。他们从世人手中掠夺了大量的财富，留下神奇的传说，他们以为把宝藏藏在没人知道的角落里就万事大吉，但却不知道他们真正留给这个世界的无价之宝恰恰就是他们海盗团伙本身。当海盗的时代画上句点，在折断的海盗桅杆上升起的是现代经济组织的大旗。同《海贼王》的开场一样，1723年“黑色准男爵”巴沙洛缪·罗伯茨的死亡结束了属于海盗的时代，而他们留下的宝藏则开启了属于我们的这个新时代！

（作者系日本早稻田大学博士，厦门大学嘉庚学院副教授）

艺术品的市场与定价 / 梁　捷

一、艺术品的价值

艺术品的定价和市场交易模式一直是经济学家深感兴趣的话题，近年来也不断有这方面的最新学术研究成果发表。可绝大多数经济学家还是觉得，研究这个市场太为困难，且研究成果很难由一个艺术品门类推向另一个门类。其中的困难性主要是由艺术品自身的特性所决定的。例如，经济学的经典假设里规定商品应该都是同类可比，这样才可微观分析。可对艺术品而言，不太可能做到这一点。

绝大多数艺术作品都是独一无二的，不可复制，不可比较。手绘作品不用多说，即使是同一位大师同一时期创作的画，由于尺幅不同、题材相异，都有可能导致作品质量波动，进而价格上大相径庭。比如，市场上多见齐白石的虾，一般论只卖。但专家却一致认为他的鹰更好。因为那些以鹰为题材的画一般是齐白石精心描绘后赠送达官显贵的作品，必然一丝不苟，特别有神采。近年来拍卖出天价的齐白石作品多为这一类。

与此同时，一件艺术品诞生以后，其收藏者和收藏历史也会极大地改变它的价值。这种现象也是其他商品市场中极为少见的。如清代宫廷曾编写过大型著录《石渠宝笈》，把当时清宫精藏的大量书画做了登记。现在《石渠宝笈》著录本身就值500万以上。对艺术史和画家本身经历有一些研究的买家，都会根据作品创作的年份、过往的收藏历史等给出不同的估价。

撇开手绘作品不说，即使照片、版画、多媒体这类较新的艺术媒介，艺术家也会用不同方法来保证作品的稀缺性。最常见的办法是给照片、版画复制品编号，然后毁掉底版。达明·赫斯特有一件作品《生者对死者无动于衷》，是当代艺术中的名作，内容就是一条真实的虎鲨泡在福尔马林溶液中，在玻璃柜中展示。由于当年防腐措施做得不到位，虎鲨有些部分已经开始腐烂，但赫斯特始终拒绝更换一条质量更好的鲨鱼。他认为只要更换，就破坏了作品的不可复制性。

第二点，艺术品的价值是绝对主观的，极难找到客观的参照体系。柏拉图在两千多年前就说过，一支笛子只对于会吹笛子的人才有价值，艺术品也是如此。艺术品只有欣赏价值，最多能装饰一下环境，很多现当代作品甚至连装饰的作用都没有。所以，每个人对艺术品的估价大相径庭也就不足为怪了。

例如，梵高生前籍籍无名，据说只卖出去一幅画，还是他弟弟为了帮他而促成的。可他死后作品却身价百倍，成为各大美术馆的宠儿。到了现在，市面上已不太可能再有梵高的画作流通。又比如，中国现当代艺术品曾经在十余年前屡创天价，捧出好几个年纪并不大的画家，作品价格都破亿，甚至压倒了毕加索，在西方藏家中引起一片惊呼。但最近几年，随着一些大藏家的离场，这些艺术作品的价格迅速下跌，有的甚至跌至过去的两三成。

随着现代艺术的兴起，很多艺术家对“艺术”的概念进行了重新界定，使得作品的价值价格更难捉摸。有好几次，当代艺术馆都发生了清洁工把装置作品当作垃圾清理掉的“事故”。20 世纪 90 年代有个叫马克・奎安的艺术家用 4.5 升自己血液冰冻雕塑了一个自己的头像，为大收藏家萨奇用巨款买下。萨奇把这个头像在地下室的冰箱里放了好多年，直到有一天，萨奇家里停电了，冻在冰箱里的头像化作一滩血水。大家闻讯后幸灾乐祸，一笔巨款就因为停电而烟消云散了。

二、假拍与拍假

艺术品的一级市场是画廊，一般只有“行家”才会在其中买卖。画廊里的作品价格优惠，但许多作品尚未进入市场流通，未来价格难料。二级市场主要是拍卖行，交易的多是被市场承认的艺术品，其真实的交易情形也极为复杂，与其他商品的拍卖大不相同。虽然经济学对拍卖理论的研究已颇为深入，但对于艺术品拍卖的研究还比较欠缺，因为其中的信息不对称比其他行业都来得严重。

总体而言，假拍与拍假是艺术品拍卖中最常见的两种造假手段，都会极大地影响艺术品的成交价格。所谓假拍，就是买家与拍卖行串通，在拍卖成功之后反悔、不交割、拖延交割或者干脆地下交易，以很低的价格买卖。拍卖的整个过程都只是演戏，目的把一件艺术品的价格炒高或固定住，从而抬高同类艺术品的价格。拍假比较简单，就是拍卖赝品，然后通过拍卖这样的“权威”流转过程，为艺术品背书，把它变成价格虚高的真品。

中国书画市场上存在大量假货，这已是众所周知的事。造假从古代就开始，源远流长，且不同地区擅长伪造不同门类的作品，苏州多伪造吴门画派沈周、唐寅的画，河南工匠则喜欢造岳飞、文天祥等忠臣的字等等。很多书画名家都曾造过假。例如张大千年轻时以仿石涛出名，骗过了很多名人的大家。现在更有高科技辅助造假，可以搞得破绽极少。且造假情况本身很复杂，如现代人用古代的纸墨来作画，如将一张宣纸揭两层当两张画卖，又比如真画假款、真款假画，等等情形，无所不有。

还原造假过程可以发现，有些是当年画家委托学生、朋友代笔，有些是画家自己为假画题款认证，有些是画家家人拿着画家废弃的作品来加工，有些是在画家死后拿着他的印章来盖印。同时，现在书画界最大的问题是专家的缺失和错位。中国书画本来就复杂，没有哪个专家不曾“走眼”失误。随着几位老专家的离世，现在这个行当已经没有“一锤定音”的人物可以对一幅字画的真假作出鉴定意见。市面上流通的作品里，少数东西所有人看真，少数东西所有人看假，中间绝大多数东西都是有人看真、有人看假，艺术就变成了概率游戏。

单纯从使用价值来看，那似乎也没什么大不了。如果你买了张假的齐白石，说明你对他不够了解，交了学费，但这并不影响这幅画的欣赏和陈设功能。现在如果你有一定的能力和资本，就可能找到权威专家为此背书，并且进入二手市场拍卖。经过几轮权威拍卖行的拍卖，这件作品可能就越来越像真的了。

拍假还是在拍卖，假拍完全是一个金融手段，与拍卖无关，甚至不必那么在乎真还是假。假拍的影响要坏得多。例如，某人事先低价收购 20 张某不太出名画家的画，每张画收购价仅为 5 万元左右。他拿出其中一张去送卖，找两个朋友抬价，最后一个人用 500 万当众买下，这就是假拍。炒作者须付 10% 佣金给拍卖行，但这构成了炒作的所有成本。虽然他投入了 50 万，但可成功地把该画家的身价从 5 万炒到了 500 万。他手头还有 19 幅（20 幅）画呢。第二年开始就可以陆陆续续抛售与变现。

对假拍行为的监管几乎不可能。一方面，因为艺术品的价格比较高，历史复杂，拍卖行有对买卖双方身份进行保密的义务。很多买家也并不会亲临拍卖现场，而是通过电话委托或派代理人来交易。市场上流传大量的“故事”，却没多少可靠的证据。另一方面，这种炒作并不违法，在严重缺乏参照信息的环境下，少数垄断艺术资源业内人士确实有如此定价的能力。

事实上，几乎所有东西都可以金融化而导致泡沫，不管它是普洱茶还是红酒，艺术品则可能是其中最适合金融化的产品。因为它确实没有明确的价值，主要就依靠评论家玄而又玄的阐释和普罗大众难以言明的自发喜爱，所以似乎没有一个上限。一幅

毕加索的画，到底值五千万还是一个亿还是更多，这已并非画的本身所能决定。

三、艺术品市场

世界各国对拍卖行的监管都很弱，存在大量漏洞，使得艺术品市场成为全世界热钱最集中、泡沫最严重的地方。这种泡沫几乎不可能消除。一家权威艺术机构推出一个名为Power100的排行榜单，评点每年对全世界艺术市场最有影响的人。在这家机构看来，真正对艺术市场起作用的是“权力”，而非任何传统意义上的艺术标准。掌握权力的这些人里面，有些是艺术家，有些是策展人，有些是金融家，什么人都有。可以说，各色人等操作艺术市场的方法总在挑战我们的想象力，这个过程也与艺术本身在不断打破边界相一致。艺术变得无处不在，无所不能。

有一些圈内人指出，目前很多资本大鳄进入艺术圈，目标就直指金融市场。相较于金融圈，艺术圈的金融意识普遍比较淡薄，毕竟多数人是因为艺术背景进入该领域，而非学金融的。比如，拍卖会上高价拍下来的艺术品，按照行规并不要求马上交割付钱，都允许有几个月甚至几年的延期。但在这个时期，艺术品可能已经可以拿出去抵押贷款或者做一些信托业务。即使不懂金融的人也知道这里面的时间差意味着什么。

艺术品市场的供给和需求这两面一直在变。先看供给。艺术品市场是非常特殊的市场，它需要很长时间来确认一些产品的价值。尚未经典化的作品可能一再地进入市场流通，不断转手，不断重新估价。可经典作品已几乎不会再动。比如梵高的作品基本为世界各大博物馆、美术馆所收藏，谁收藏了哪一幅画，大家心里都清清楚楚。如果有哪个博物馆把梵高的画送去佳士得，那不仅是经济问题，恐怕还会引起全国性的舆论争议。在市场上购买这些大师的时代已经永远地过去。

但市场对于年轻艺术家还是缺乏有效的评价标准。安迪·沃霍尔刚出道时，谁也不知道他的作品会有多少价值，很多作品完全卖不出去。现在安迪·沃霍尔成功了，可一个沃霍尔背后又隐藏了多少默默无闻的艺术家呢？一个常见现象是，许多还活着的艺术家的作品价格甚至显著高于死去多年的老大师的作品价格，中外皆如此。对此有一种经济学的解释：还在世的艺术家的作品价值还未被确认，因此有更多的空间，吸引了更多的投机。

再看需求这一面。我们从艺术新闻里经常可以看到如毕加索《抽烟斗的男孩》以1.04亿美元价格被德国犹太富商收走；而塞尚《玩纸牌的人》又以2.5亿美元的价格为卡塔尔王室收入囊中；最近当代艺术家杰夫·昆斯的一些“气球狗”拍出3.4亿美元的天价，坐稳了当代艺术第一人的宝座。那么，背后到底是谁在购买这些天价艺术品？

一些艺术史研究告诉我们，20 世纪初，美国的很多产业大亨如洛克菲勒、卡内基等都大手笔地投资艺术。而中国书画的收藏中，庞元济与张珩的收藏最为引人注目，他们的钱主要来自浙江湖州的丝织业。随着时代迁移，资本也在不同人手中转移。比如 20 世纪中叶日本在经济腾飞阶段就购买了大量西方近代油画。中东石油资本崛起时的表现也一模一样。而近些年来，最有力的藏家可能都来自新兴 IT 及互联网领域。

如果不是光盯着顶层那些作品，就会发现艺术品市场分裂成若干层次。一件作品动辄上千万的高端市场与几万、几十万的市场有显著区别，参与人员、交易方式、运作模式都有极大的不同。比如，北京有些拍卖公司在隆重的春拍、秋拍之余也举行一些小拍，数量很大，也时常能看到一些名家的作品，但真伪不能完全保证。

我最初看到这些小拍的成交价时心存疑惑。比如一幅石涛的作品，以 30 万人民币成交。对于一幅真迹来说，这个价格过于便宜；对于假画而言，却又实在太贵了。但后来我知道很多画商真的都在这些小拍里买画。他们经验丰富，希望凭借自己的眼力在这种场合“捡漏”，用自己的知识把一件作品从几十万的市场转移到几百几千万的市场中去。这几乎是一种赌博了。

四、对艺术品市场的研究

由于艺术品和艺术品市场的特殊性，数据非常难得又缺乏可比性，使得对这个市场的学术研究还很落后。21 世纪初，梅建平与摩西两位教授共同发表了一篇研究艺术品价格的论文，提出一种新颖的价格指数，后来被称为梅/摩指数，在艺术界引起巨大的反响。

梅/摩指数在很大程度上借鉴了房地产交易的数量模型，利用一些经典艺术品上百年的交易记录而编制，对这些经典艺术品的价格有很好的解释力和预测力。很多艺术机构都已开始采用梅/摩指数来进行预测。但对于它的争议，从它诞生那一天起就没有停息过。

艺术品与房地产在很多方面都有相似性。不同的房子有不同的面积、结构、造型和历史，如同不同画作有不同的尺幅、题材、材料和历史。房子又有区位、城市等可以比较的维度，如同艺术家也有时代、国籍等可比性。两者都金额巨大且并不那么容易变现，所以将房地产市场模型挪用到艺术品市场上来是个非常巧妙的想法。

但两者之间终究仍有诸多差别。艺术品的门类太多，什么都可以变成艺术品。专家对许多现当代作品的艺术性都没有一致看法，更不用说其价值。同时，艺术品的交易数量也比房地产要少得多，很多艺术品几乎没有或者少有成交记录，那么把它的数据放入模型就会有偏差。梅/摩指数固然可以很好地解释业已成熟的西方近代艺术品市场，但在面对新兴的、古怪的、不断上演好戏的艺术品市场时，解释力存在很多局限。

中国的艺术品市场真正放开拍卖，不过是近二十年的事，积累的规范有效的艺术市场数据大概只有十多年。这些数据不管用于认识一个艺术家的价值，还是用于对整个市场情况的分析，都显得很不足。但好在每年交易都在产生新的数据，都在帮助我们加深对市场的认识。同时我们看到，随着中国经济增长，北京目前已成为全世界艺术品成交额第二高的城市，仅次于纽约，远远超过巴黎、伦敦等老牌艺术中心。中国已逐渐成为世界艺术的交易中心，对全世界艺术市场产生巨大的影响。

所以，我们虽然没有太多理由看好未来的中国艺术品市场，但对于这个市场的学术研究一定是无限光明的。

（作者系澳大利亚莫纳什大学博士后）

真实世界的“柠檬市场” / 杜 创

“柠檬市场”的故事在经济学中很有名。这故事说，二手车市场上，卖的比买的精，更了解车的品质、是否发生过车祸；买卖双方信息不对称会导致“逆向选择”，市场消失。假设某品牌二手车，卖家确切知道所值；买家只大概明白价值为均匀分布，范围0~10万元，则市价为车的预期价值，即5万元。可是，一旦市价定为5万元，将会发生“逆向选择”：进入市场的二手车，真实价值必在5万元以下。买家预计到这一点，会使市价进一步降低到2.5万元。按这个逻辑，最后市场价格将是0元，不会有交易发生。这故事也大致符合中国人的经验，中国二手车市场就相对不发达。2013–2014年笔者访学美国加州，真实买卖过二手车，看到这个故事的另一面。

加州地旷人稀，出门没有汽车会很麻烦。一到那里，笔者就着手买车了。马上发现二手车市场很发达，大多数年轻人都买二手车，毕竟比新车便宜许多，数千美元即可，因此笔者也准备买二手车。可能是经济学“职业病”，“柠檬市场”的故事早就烂熟于心，非常担心质量问题，就很仔细地搜集信息，潜意识里像在做课题研究了。这样到最后买下车来，竟花了一个多月。车子使用了大半年，归国前再卖掉，基本物有所值。

当时买车的经验是，有很多中介机构帮助解决信息不对称问题。二手车供求信息网站、估价网站，这些自不必说；最关键的是有专业公司提供“车辆历史报告”（Vehicle History Report），里面记录了二手车的详细历史，人称“汽车DNA”。笔者买车时，使用过“汽车传真”（Carfax）和“汽车检查”（Autocheck）两家公司的报告。“汽车传真”是独立商业公司，1986年成立，最初以传真方式为潜在买家出具报告。“汽车检查”则隶属美国著名的信息服务公司益博睿（Experian）。

获取车辆历史报告很方便，登陆“汽车传真”/“汽车检查”官方网站，输入你想购买的二手车车架号（VIN）或车牌，即可自动生成。当然也不是免费的。具体费用，“汽车传真”是39.99美元/次，49.99美元/5次，54.99美元无上限，有效期60天；“汽车检查”19.99美元/次，44.99美元无上限，有效期30天。

两家公司的报告都是表格形式，详细记录车辆自出厂以来的一切事件，包括事件发生日期、当时是第几位车主、当时的里程数、事件涉及机构名称（修理店、车辆登记机构等）、事件内容（车辆登记、保养、换机油、事故报告、修理等）。车辆历史报告提供的最重要信息，是该车有否“干净的”权证书（Clean Title）。汽车权证书类似我们的行驶证，不同的是，美国汽车权证书只有一张带表格的纸，并不是个小本子。汽车权证书上有一栏“车辆历史”，如果上面有字，就不是“干净的”，而称为“打标记的权证书”（Branded Title）。只有州政府机动车管理机构（DMV）才可以在上面“打标记”。大体而言，标记“损坏”（Salvage）指车辆经历了大的损伤，修复成本很高；“柠檬”（Lemon）指厂家保修期内，车辆某一部位就反复出问题，而且问题很严重，影响驾驶安全，甚至不能启动。还有其他一些标记，就不一一细说了。问题在于，对各种标记的具体定义和登记规则，各州法律规定略有差别。一辆车登记在甲州，发生过大的车祸后，权证书上可能注明“损坏”；但经过大修，在乙州重新注册，有可能洗白，得到一个干净的权证书。车辆历史报告就很重要了，里面可以告诉我们每一次权证书登记的情况。此外，每一次车检、更改注册或其他事件，相关机构一般都会同时记录下里程数，最终体现在车辆历史报告里。这样，根据车辆历史报告可以看到里程数如何随时间分布，人为篡改就很难了。

车辆历史报告不仅仅是收集、汇总原始数据，还包括一些分析、评判。除了摘要外，两家公司做的报告各有特色。

（1）车辆总体评判。前边提到，有专业网站做二手车估价模型，输入旧车品牌、型号、生产年份、里程数、交易地及其他技术参数，就可算出交易参考价。但这个参考价只是同类型车的平均估价。“汽车传真”的车辆历史报告在此基础上做出估价调整：对任何二手车，根据其详细使用情况，综合建议交易价格相对普通估价模型上调或下调多少美元。“汽车检查”的车辆历史报告则根据每辆二手车综合情况（汽车类型、车龄、里程数、车主数量、使用情况等），为其打分，分值在 1 至 100 之间；同时提供相似车辆（同类型、同年份）的分数范围，以供比较。例如两辆不同型号的车，第一辆 84 分，相似车辆分数范围 76–81 分；第二辆 89 分，相似车分数范围 88–94 分。虽然第二辆车分数比第一辆高，但与同类型车比较，第二辆车却算保养差的，即第一辆车更好。

（2）文如其名，“汽车检查”的车辆历史报告里也包含三大“检查”。一是权证书和问题检查，与车辆权证书有关的任何事项都会单独摘出记录在这部分，以示强调。例如，“损坏”标记，或官方发现的里程表问题。二是里程表检查，根据里程表记录，判断里程数是否合理。三是使用和事件检查，单独列出该车辆是否曾用于出租或商用，是否被偷盗过，等等。“汽车传真”则在报告的分析部分，强调车辆实际所有权（Ownership）和法律权证书（Title）的区别。“汽车传真”对“所有者”（Owner）的定义是拥有和使用车辆的人，认为并非所有法律权证书的变化都代表实际所有权改变。分析车辆历史上的全部事件（包括权证书），可以推断该车辆的实际所有权人数量（目前适用于1991年后生产的车辆）。

有专业信息网站货比三家，有估价模型帮助个性化定价，有车辆历史报告，已经极大减少了信息不对称。当然这些不一定完美。比如说，车辆历史报告记录的事项有一定滞后期（2至3个月），现场看车、试驾仍是不可少的。买家若不熟悉汽车性能，可以避开私人卖家，从经销商处购买；当然，代价是你必须支付更高的价格。5，000至10，000美元价位的旧车，经销商卖，往往要贵1000美元左右。卖车的时候则反过来，卖给经销商比卖给私人价格要得多。

就笔者所知，“汽车传真”不仅仅搜集、分析二手车历史信息，也帮助车主维护车辆。如提醒汽车该去保养了，并鼓励车主在“汽车传真”个人账号内主动记录汽车修理保养情况。这也是他们收集数据的方式吧。笔者购车数月后，还从“汽车传真”个人账号内得到信息，车辆制造商新发布了召回维修通告，该型号车的安全气囊有潜在隐患，可到经销商处免费更换。于是笔者立即去更换了安全气囊。

中介机构提供车辆历史报告，需要从多个来源获取信息。“汽车检查”网站介绍其数据主要来源于三个方面：（1）机动车辆注册机构、独立来源、损坏车辆回收机构及美国两家最大拍卖行的汽车拍卖数据；（2）美国各州警察局的汽车事故报告信息；（3）大风暴事件期间，风暴毁坏车辆的信息（联邦紧急事故管理机构）。“汽车传真”网站介绍其数据来源则更为详细，包括：美国和加拿大车辆注册登记机构、汽车拍卖行、事故修理机构、服务/保养机构、保险公司、汽车回收机构、汽车租赁机构、州汽车检验站、火灾救援部门、经销商等。如何保证车辆历史报告中包含了真实、全面、准确的信息呢？关键是竞争机制。查询车辆历史报告是收费的，报告优质，才能吸引更多的消费者，获得更多利润。

另外一个启示是互联网降低信息费用，改变市场格局。互联网普及之前，买家多借助熟人、经销商、修理店（现场检测）等判断二手车质量，信息搜寻成本很高，容易出售的往往是偏新、偏高端品牌的车。现在有专业网站提供车辆历史报告、车辆估价，极大降低了信息费用，即使用了十几年的普通二手车，价格在2，000美元左右，

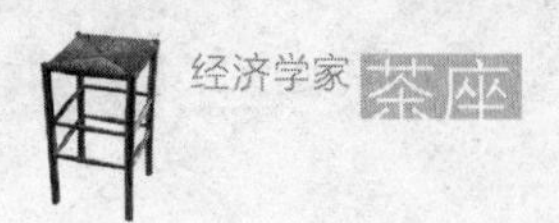

也很容易卖出去。

中国消费者为产品质量问题所苦，为什么类似市场机制没有出现？可能是市场发育程度的问题。目前我们已经有了二手车供求信息网站、估价网站，但是搜集分析车辆历史信息却还比不上国外。这些信息分散在车管所、保险公司、修理店，将其汇总、分析是有很大价值的，互联网也提供了低成本处理信息的机会。

最后想说的是，经常看到研究者“论证”：某行业是“柠檬市场”，买卖双方信息不对称，导致逆向选择，市场失灵了，需要政府干预。柠檬市场故事的另一面告诉我们，市场可以内生出一系列制度安排，解决信息不对称问题，提高效率。

（作者系中国社会科学院经济研究所副研究员）

剩女经济学刍议 / 刘 倩

今年三八妇女节前在华尔街日报中文网撰文“剩女”经济学，试图以理性客观的经济学文献来探讨这个热点话题。就这个每每卖菜大妈和出租车司机们说起都是长篇大论慷慨激昂头头是道的话题，今天在茶座跟大家多聊几句。

剩女是伪命题，剩男是真问题

首先要强调，中国并没有剩女，中国有的是大量的剩男。宾夕法尼亚大学的Sharygin，以色列希伯来大学的Ebenstein和世界银行的Das Gupta于2013年共同发表了《Implications of China's Future Bride Shortage for the Geographical Distribution and Social Protection Needs of Never-Married Men》报告，预计到2030年，有超过20%的中国30-39岁男性会保持未婚，欠发达地区的农村贫困男性未婚比例尤其之高。

其实，一定程度的剩男是演化生物学里普遍的状况。事实上，人类正常情况下性别比并不是1，而大约在1.05，原因是男婴和男性的死亡率要更高一些。根据《中国2010年人口普查资料》，2010年全国新生儿男女性别比为1.19，即每100个女性对应119个男性，也就是说平均每五个女生对应六个男生。假如正在读这篇文章的你是位男士，那么你和同学或身边五个同事加起来，就有一个人找不到老婆——这个数字是不是很惊人？

虽然说剩女是个伪命题，但周围被贴上“剩女”标签的所谓高学历高收入、在适婚年龄未婚的城市女性似乎数量并不少，问题出在哪儿了呢？

劳动力市场和婚姻市场，女性太挑剔还是男性不懂得欣赏

我们可以用劳动力市场的理论来研究婚姻市场的问题。一定程度的失业是正常的，这个叫摩擦性失业。对于许多想结婚却还处于单身状态的人来说，寻寻觅觅的过程只是正常的摩擦性“失业”。 个体找工作总是需要时间寻寻觅觅，雇主招人时也不可能一夜之间找到理想人选。同理，真命天子都不会突然间砸到头上的，蓦然回首前也是先要众里寻他千百度的。当然，有类似滴滴打车和百合网这样促进供需双方matching效率的平台/双面市场是极

好的。

严峻的是结构性失业和周期性失业。男女双方对恋爱和婚姻的期待值就是个重要的问题（还有一种是由于心灰意冷而退出婚姻恋爱市场的——劳动力市场上对应的叫作 discouraged workers，即失意地放弃寻找工作的人）。经济学上讲供给和需求,本文也分别从这两个角度上来说(供需双方地位平等)。

先说女性在婚姻市场上的供给。以贝克尔为主的劳动经济学家们提出女性由于教育和就业方面的条件跟男性趋于平等，而使得女性在劳动力市场上机会和收入大幅提高，导致传统婚姻模式吸引力下降。这使得女性在婚姻市场上的要求提高、"供给"下降。虽然这么说，不可否认的是不少女性有双重标准问题。"你只负责单纯善良帅"不是所有女子都能做到。要对方单纯善良，还要高富帅，又要对方事业成功又要天天陪在身边,这种对"暖男"+"真命天子"="暖龙"的结合体无限期待，会在婚姻市场的选择上出问题。

相比之下，对男性需求方指责的声音太少。哈佛大学经济学博士毕业生 Jisoo Hwang 的 job market paper 研究的就是男性的需求问题，强调男性在婚姻选择方面的传统和迂腐，不能接受受过教育并把家务活外包出去的职业女性。Hwang 利用日本和韩国的数据（剩女的英文名用的是 gold miss），比较在原籍生长和从小移民到美国——所谓在"现代"环境成长的男性，发现从小就移民到美国并接受西方更"现代"性别和家庭观念以后，"剩男"和"剩女"的比重都大幅下降。

文章还用"准婆婆"受教育程度和是否参与工作作为一个 proxy，研究发现女性的工作经验和受教育程度会影响儿子对性别和婚姻的观念。具体表现在曾经工作或者受过大学教育的"准婆婆"的儿子成为"直男癌"的可能性降低。如果"准婆婆"自己受过教育并且工作的话，她儿子结婚的可能性更高，太太有工作的可能性也更高。

所以，当男性在特定成长环境里形成的对女性的看法和现代女性自己要选择成为的角色不能均衡搭配的话，"剩男"和"剩女"现象就特别突出。当一个国家的经济快速发展，并且女性的教育和工作机会上升，而社会文化和人们心态还没有足够快相应调整变化的时候，婚姻的结合就会出现问题。

调整理性预期

中国社科院的吴要武老师和我去年在纪念 Gary Becker 专辑的《经济学季刊》上发表一篇文章，讨论高校扩招对婚姻市场的影响。我们用 2000 年人口普查数据和 2005 年 1% 人口抽样调查，确认婚姻匹配的基本模式是丈夫的受教育水平高于妻子，所谓的男性"向下选择"。假如我们把所有男人女人按照相貌、收入、性格等综合排序，那么最棒的男性最终可能选择了第二组女性，第二组男性选择了第三组女性。最后剩下的，就是受教育最高收入最高的女性，还有第三组男性。

我在华尔街日报中文网提到，“在中国的语境下，新平衡还没有稳定，在社会和文化上，许多新时代男性和女性都还没做好相应的心理调适。男性需要开始接受洗菜做饭并不是贤妻良母的必要条件，女性也要开始接受收入没有自己高的丈夫。如果不对现代婚姻的期待进行相应调整，剩男现象会越来越严重，我们受教育程度最高、收入最好并且可能是最聪明有能力的女性，她们的基因可能永远传递不下去了。这对整个人类都是个浪费。”

最后再说一下，虽然“剩女”在中国是个伪命题，但在全球大城市里可是真命题。我记得一位在亚洲另一大城市的女性好友告诉我，她赴约参加一位男士的饭局，去了以后发现一位男士周围坐了六位女性，他还“一碗水端平地”给每位女士都盛了一碗汤。瞧瞧，这比例！劳动经济学文献里有一篇经典文章是Lena Edlund于2005年发表在《The Scandinavian Journal of Economics》上的《Sex and the City》。文章开篇举出欧洲和美洲的47个国家里，农村里25－34岁的青年人都是男人数量多于女人，而在城市里女人却多于男人。Edlund的经济学解释是，城市有更好的工作机会，这里男性工资平均要高于农村工资。而女性来到城市，看中的不仅仅是更好的就业机会（劳动力市场），还有更好的婚姻机会（婚姻市场）。

Edlund用瑞典289个地区的微观数据进行回归分析，还有一段很“前卫”的讨论：古罗马有言，“Mater semper certa est, pater est, quem nuptiae demonstrant”。意思是母亲的角色是确定的，而父亲的角色是由婚姻决定的。所以，在婚姻不存在的情况下，事实上只有一个家长——母亲。婚姻给父亲了一个名正言顺的头衔，让男人有了享有孩子和监护孩子的权利，同时他要为婚姻进行支付。Edlund解释说：“婚姻可以看作是男人跟女人交换资源，从而获取当父亲权利的一种交换合同”。《Sex and the City》是篇概念清晰、文笔流畅、数据处理干净漂亮的文章，很值得经济学专业学生作为范文认真学习。

（作者系经济学博士，经济学人集团智库（Economist Intelligence Unit）的中国研究总监，全球编辑管理委员会成员）

奢侈品，土豪，还有我 / 卢昌崇

据《中国质量报》载，2013年全球奢侈品消费创下新纪录，高达2，070亿美元。其中，中国人消费1，020亿美元：本土消费280亿美元，境外消费740亿美元。中国人的消费占比为47%，成为全球最大的奢侈品消费群体。

我一向自视甚高，从不拿正眼瞧那些不顾性价比的“傻帽”消费群体。一个不起眼儿小包包儿，动辄几万甚至几十万。一套化妆品逾万元，有的还按重量卖，1盎司六百多美元。服装、珠宝更不必提，叫价多少钱的都有。这些大多是女性用品。至于男性用的，更贵。一块名表逾百万，几十万的比比皆是。一辆豪车过千万，豪华游艇、私人飞机就更不用说了。

中国的事儿变化极快。这不，刚落笔，就发现“傻帽”这个词已经out了。现在，这个消费群体有了一个新名字，叫“土豪”，近两年曝光率极高，势力也蛮大。为了讨这个群体的欢心，连苹果这样的国际大牌公司都肯放下身段，花枝招展地推出了一款“土豪金”色手机来献媚，引得各路土豪一阵疯抢。土豪金一时成为流行色。

我也不知不觉地混入了这个群体——约略有两次吧！

一次，是我主动地被土豪了一把。两年前，大连成立儒学研究会，我是其中的骨干成员。儒学会要有个儒学的样子，会长提议制作儒装。大家都赞成。于是，个个都量好了尺寸发给秘书处，很快就做出来了。在我看来，所谓的儒装，就是民国时期老百姓穿的那种短式便装。对襟，扣襻相系，立领，肩袖一体，穿着舒适。

它与小时候妈妈给我做的“夹袄”很相似。所谓的夹袄，是有里有面儿的双层中式短便装，春秋换季时穿；舒适，合体，灵便，肘臂伸曲自如。夹袄的“纽”最有中国味儿。严格地说，这“纽”由两个部件组成。一为扣，一为襻儿。清人顾张思说：“衣纽之牝者曰纽襻”，就是挂住“纽扣”的那个小套套儿。借用这个句式表达：衣纽之牡者曰纽扣，就是嵌入纽襻中的那个小球球儿。这个小球球儿曾是我孩提时代的心中爱物。它耐看，状如小拳头，我常把小手儿握起来跟它作对比。别具一格，有味儿，是不离日用常行的中国结。可以把玩，可以饰羞，可以移情。挨老师批评时，垂下头，小手儿便在这纽扣上捻来捻去。它外柔内刚，刚柔兼济，与硬物相触或不小心压到身下时不硌人。据说，这种纽扣由来已久，唐朝时就有。所以这种衣服又叫唐装。不过，与 APEC 会议各国领导人穿的那种很有区别，比它受看。

这种服装的缺陷是内衣不好配。小时候胡乱穿，没有内衣，遑论配？现在已经有模有样了，内衣的问题便很突出。

某次赴上海伽蓝集团做调研。那是中国最大的化妆品民营企业。就是中央电视台常做广告的那两个牌子——“自然堂”和“美素”的生产厂家。集团创始人是我的校友，常来往，很熟稔。一天，见他穿了一件略加改制的中式衬衫，与我的儒装很相宜。问他是哪里做的，他说是朋友家的店。我问，“那给我做一件？”他说，“没问题。需要尺码”。因为儒装刚做不久，尺码还在手机里，顺手就发给他。

过了一段时间，给我寄来了。与儒装搭在一起，登一双内联升式的布鞋，再配上我的满头白发，很有些儒者的模样。俗话说：“像不像做比成样。”先把“形象工程”搞上去，让外人看着像那么回事儿。至于里面的货色，只要将儒装掖严，外人是窥不见的。

一次，校友来大连。我特意穿上与衬衣搭配的儒装给他看。他很高兴，说果然相配；还说若喜欢可以再做。席间得知，这件衬衣材质别致，做工精良；身价不便问，但肯定不菲。衬衣是他亲手设计的，不消说是定制了。纯手工制作，决不与闻半点儿机械，连纽扣都是手工打磨。我一听，头顿时涨得老大。因为于他，这是明珠暗投，而于我，则是暴殄天物。

单说那纽扣吧！6 毫米左右的球状体，基部凿有一个细细的孔儿，穿针引线用；材质我说不准，玛瑙宝石？但肯定不是普通的石头。大襟上七粒，两个袖口各一粒，两粒备用，缝在下摆处。材质均匀，一律是稍浅咖啡色。小时候学过一篇课文讲李白立志读书的故事：“只要功夫深，铁杵磨成针。”一颗颗硬度很高形状不拘的小“顽石”，磨成恁小的球体，那得花费多深的功夫？我脑瓜儿飞速地旋转着，试图将打磨球体的功夫换算成钞票。结果是徒劳的。过去的生活经验帮不上忙，书本里也全无启示。我甚至起了疑心。既然机械省时省力何必人工，单是那个基部的小孔儿看你如何穿凿？这是一个常识性的疑问，我校友当初也一定有过。既然是在一家朋友店定做的，校友的朋友就一定会将这打磨程序展示给他看。在经济学上，这叫标识或信号显示，如同店家怕食客有疑，当面加工烹制菜肴一样。疑心归疑心，但我终于没有问。

如果说衬衣是“龙”，那纽扣就是这龙的“睛”了。可恰恰就是这“睛”坏了我

的心情。光秃秃地，像小和尚头，不比小拳头那般耐看。滑滑地，不好拿捏，更不好把玩。还硌人，尤其是袖口那两粒，写字时常与腕骨相摩击。哪如“夹袄”上的扣扣儿，自唐宋元明清一路走来，看着顺眼，捏着厚实！

“有眼不识金镶玉”，老土一抔！我恨恨地想。是的，我就是一个老土；老土而强豪，就成了老土豪；还冥顽不灵，怎么改造都不行，直令鲜花插在牛粪上。

后来，我径直问校友：“为什么不把纽扣也做成你那件传统的样式？”校友说：“想表达一份心意，讨老师的欢心。”我大喝一声：“己所不欲，施之于人？你违背了孔子的教导！”校友一愣，随即抚掌大笑。

另一次，是买了一辆好车，主动地当了一回大土豪。

开始时，心理很有滞碍。既然看不起这种奢侈性的土豪消费行为，在行动上就要与之有所切割，划清与这个群体的界线。而好车等于豪车，豪车与土豪有染。倘买了豪车，说句乡间粗话，那不是“既养汉，又瞥青”（青，指青楼女子）么？我需要一个理由，一个心理支持系统来破解这认知失调滞碍。

说来，我驾龄近20年，算是老把式了。开过的车型很多，有六七款，最好的是凯迪拉克（公车，那时管得不严），有资格为好车开列出很多理由。宽敞，舒适，亮堂，开阔，体面，惹眼，自不必提，单是那种别样的驾驭感和操控性，大凡是个爷们儿，就几乎没有拒绝的。轻轻地一给油，背部宛如被一只肥厚而温软的大手轻轻地托起，座驾一声低吼，其他车便都识趣般纷纷向后“退”去。超越的感觉真好！这些理由都成立，但都不硬，有的甚至就是土豪的代名词。

每次出行时，妻都会低声地提示我：“开慢些，注意安全！”安全？是的，我怎么把这个理由给忘了？好车安全，而这点最重要！好车主动防御配置高，什么EDS、EBD、TRC、ESP、VSC、EBA、PCS……一大堆，都有，宜于防患于未然。被动防御完善，什么吸附撞击力设计、车身自重、侧体防撞、安全气囊……也是一大堆，出事儿时能最大限度地保护司乘人员。我把这些优点逐一讲给妻听，她频频颔首。临末却冒出了一句：“你都老‘棺材瓤子’（东北乡间土语，意为行将就木）了，还能比儿子的安全更重要？”一语惊醒梦中人！看来，我得先给儿子弄辆好车。事后想想并不妥：那不是等于培养出了一个小土豪么？为这事儿我着实纠结了一阵子。

有了！买辆好车，我开两年，然后给儿子，岂不两全齐美？这个理由将子孙万代都卷进来，再坚实不过。我的主观土豪防线就这样被突破了。

接下来，买啥车呢？我想起了一个发生在华盛顿的小故事。有一个调研小组选择一个繁闹的十字路口观察记录闯红灯的车辆，结果沃尔沃拔得头筹。沃尔沃车有两大特点，一是不张扬，低调，二是安全性好，深受中产阶层青睐。不过，沃尔沃拔得头筹很令人意外，也很耐人寻味。令人意外者，是中产阶层素养高，开车很规矩，不该闯红灯。耐人寻味者，是这种行为边界模糊，“经济性质”不好界定。倘是因为安全性能好而使驾驶员变得轻率而随意起来，那么，就是这种超级安全性能所提供的保护改变了人们的驾驶行为，就是道德风险问题。倘是购买者知道自己的驾术不过关，或具有好胜、冒险、飙车的习惯，买个安全性能高的车才放心，那么，对这个消费群体来说，就是一个因私有信息产生的自选择问题；而对全社会来说，它提升了肇事的概率和成本，就是一个逆选择问题。

不管高低，就头沃尔沃了。

捏捏腰包，初时的价位定在三十多万元，后来却屡屡突破。客观上，是汽车厂商和经销商帮忙儿，把我一步一步地推上了土豪宝座。

我和妻开始了漫长的挑选、甄别、试驾和比较研究过程。三十多万的沃尔沃只能从国产长安入手。看了几回不称心。推销员趁势将我勾引到进口系列里。车型甚多。就说近两年恢复进口的S60吧，有智逸版的，智雅版的，个性运动版的……马力也不同，有2.0，3.0，涡轮增压，等等。令人眼花缭乱，不知从哪儿下手好。推销员问过我的价位后，自然先从低版本的开讲；讲完后只要我有要求，可以试驾任一款。态度极友善，绝无半点儿相厌之色。我和妻每次去通常只关注一款车，而后试驾，再索些资料带回家研究。下一次去升级一个版本，再做比较性研究。如此往返六七次，耗时大半年；心理价位也与时俱进，飙到了五十多万。

心理价位的飙升与厂商和经销商的“勾引”与“扶持”密切相关。他们普遍采用“登门坎效应”产销策略。登门坎效应是一个心理学概念，指凡事由低向高，由易进难，小步慢跑，循序渐进；犹如春雨润物，消费者不知不觉地就上道儿了。轻功高手的训练过程就很能印证这个道理。双腿缚上沙袋，挖个浅坑，从中向地面上跳。沙袋不断加重，坑也逐步加深，练过几年，摘掉沙袋，轻轻地一窜便飞檐走壁。

要旨在于产品由低到高形成差异化，定价也照这个原理来。物理“级差”不是特别重要。因为大量的心理学实验表明：如果两个东西不一样，人们往往会夸大二者之间的实际差别。夸大的差别源于心理因素。这在试驾时最明显。由第一个版本升到第二个版本时，初驾时并未感到有区别。坐在副驾位置上的推销员（监驾者）对你稍加提示，不一样的感觉便油然而生。价格“级差”不可过大。要保证只要你能登上第一级台阶，驻

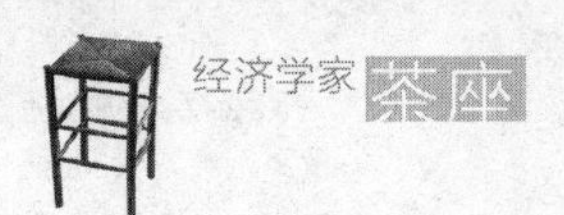

足片刻，就有能力登上第二级、第三级……就拿沃尔沃 S60 来说吧，每个型号之间的价差也就三五万。工薪阶层，咬牙切齿地买辆车，容易吗，还能差这三五万？

可是，我的沃尔沃梦想到头来还是泡汤了。一是由于城市吉普和越野车大行其道，轿车过时了。二是因了一次南方之旅。一次去深圳，朋友开高档沃尔沃陪我。广东人管这款车叫“大富豪”。这戳到了我的痛处。买辆好车就已经够俗的了，再弄个“大富豪”，岂不俗上加俗，俗不可耐？后来得悉，我冤枉了广东人。原来广东人只是个“二传手”，这称谓的原产地是香港。梦断“大富豪”！现在想想都惋惜。再买车，我还会回过头来继续考虑沃尔沃的。

此后，我和妻开始了另一番挑选、甄别和比较研究过程。目标是城市吉普和越野车。驾过的车型少说也有六七种。折腾了小半年，终于搞定了。至于价位么，不消说，又上窜一大截儿。

安全指标很有说服力，尤其把子孙万代也牵涉进来时。我有位同事最初想买帕萨特。听了我的理由后立马升级到 Q5。有次我去广东，又把这理由讲给 L 君听。结果 L 君更爽快，没几天就直接买了辆跟我一模一样的车。L 君也是学人，不仅学问做得好，影响力也极大。他到处嚷嚷，说我买了辆好车，搞得南北小圈子里的朋友都知道。某次，有位朋友甚至直接电话我：“听说你买了辆好车？价位几许，性能如何？嗯……赶明儿我也整一辆！”

我不由得暗生得意：半是因为被羡慕，半是因为有学人乐于与我为伴，俗的自责感顿时减轻了许多。晚上特意嘱妻给我弄两个小炒儿，取一壶“镇宅老酒”[1]，拉上窗帘，一个人痛痛快快地喝了一回。

明末士人陈龙正好酒，为喝酒开列了很多理由：名花忽开，小饮（雅不可攀）。好友略憩，小饮（古今同心）。凌寒出门，小饮（北方尤甚）。冲暑远驰，小饮（小别伤怀）。馁甚不可遽食，小饮（于今有违）。珍酿不可多得，小饮（岂能错过）。现在，我可以给他加一条：暗生得意，小饮。而且，酒具不能太大，最好用小盅，这叫慢品；而土豪们则用大碗，那是豪饮。要细嚼慢咽，低吟浅唱；而土豪们则狂啖饕餮，高声大语。更要紧的，是拉上窗帘，以防他人窥见，而土豪们则毫无顾忌，聚啸于厅堂，一任他人品评。

（作者系东北财经大学工商管理学院教授）

[1] 见拙作“镜泊小镇”，载《经济学家茶座》，2012 年第 4 辑。

唐僧和如来怎么激励下属?

——西游记经济学之七 / 聂辉华

一、你真的了解下属需求吗?

管理的核心问题是激励下属或团队成员。所谓激励（incentive），就是在信息不对称的前提下，老板如何让员工不撒谎，如何让员工不偷懒。如果一个组织能够做到以上两点，那么这样的组织肯定是和谐的组织，也必定是高效率的组织。实现有效激励的前提是，作为创业团队的领导或者组织的"一把手"，你必须了解下属的真实需求，这样才能对症下药。

经济学的一个基本原理是，需求和供给决定价格，而价格是市场实现资源优化配置的根本手段。因此，已故的世界著名经济学家保罗·萨缪尔森（Paul Samuelson）开玩笑说："你甚至可以使鹦鹉成为一个博学的经济学家，它必须学习的全部就是'供给'与'需求'这两个单词。"更绝的是，经济学通常假设生产者知道消费者的"需求"（demand）。但是，实际上每个人的"需求"是隐藏的、变化的，是最难掌握的信息之一。俗话说得好：知人知面不知心。让我举几个例子，考考你对需求的理解程度。

案例1：小马同学晚上下课后去小卖部买东西，问："老板，有方便面吗？"老板回答："抱歉，方便面刚卖完了，明天再来吧！"请问：小卖部老板理解小马的需求了吗？没有！小马的真正需求是"能吃饱肚子的东西"，而方便面不过是其中一种表现形式而已。如果老板真的理解了小马的需求，就应该回答："方便面卖完了，还有面包、火腿肠以及茶叶蛋，你要哪种？"如果这样回答，老板就多做了一笔生意，多留住了一个忠实客户。

案例2：小陈大学毕业刚参加工作，文笔不错，在政府办公室负责为主要领导起草讲话稿。刚接到秘书长的任务时，小陈很激动，立即高质量地写完报告并交给秘书长，但是却被秘书长批评，说稿子不够成熟，但秘书长又不具体说明哪里不成熟。小陈改了好几次，还是继续挨批。小陈理解秘书长的需求了吗？没有！还算小陈聪明，立即

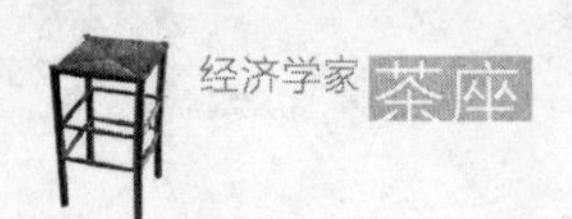

向前任秘书虚心请教。前任秘书点拨了他一下：稿件完成前，先请秘书长“指示”一番，然后表示稿子吸收了秘书长的高见。小陈如法炮制，果然屡试不爽，从此深得秘书长赏识。在这个案例里，秘书长的需求是“获得下属的尊重”以及“面子”，而不仅仅是讲话稿本身的质量。

案例3：刘局长的司机老谭是个忠厚老实的人，刘局长对他当司机非常放心。但是，最近老谭老是愁眉苦脸，有时还唉声叹气，让刘局长心情很不好，并且有点担心他开车的安全问题。但老谭工作多年，任劳任怨，平时对名利都没有追求，怎么会不安心工作呢？他又不能主动询问，这样显得领导很没有水平。刘局长理解老谭的需求了吗？没有！其实老谭的真正需求是，他即将退休了，但是儿子大学毕业好几年了，还没有找到合适的工作，他心里惴惴不安。老谭现在最需要的不是临退休时提一级工资，或者提个副科级，而是解决后顾之忧。

可见，了解一个人的需求有时是很难的。更难的是，我们还必须知道这种需求是由“内在动机”驱动的，还是由“外在动机”驱动的，否则看起来合适的激励可能会导致负面效应，出现南辕北辙的结果。2003年，世界著名经济学家梯若尔（Tirole）和普林斯顿大学教授贝纳布（Benabou）在一篇论文里区分了“内在动机”和“外在动机”。前者是指下属为了个人利益自愿去做某件事情的动机，后者是指下属需要他人奖励才去做某件事情的动机。如果一个下属本身有内在动机去完成某项任务，上司还采取显性的奖励办法去激励下属，那么此时可能适得其反，反而会打击下属工作的积极性。例如，小田认为无偿献血是一种奉献精神的体现，因此愿意无偿献血（内在动机）。此时，公司如果对员工的献血行为进行金钱奖励（外在动机），就可能导致小田反而不去献血，因为他不想被同事认为自己献血是为了钱，这是对他人格的贬低。可见，如果上司错误地判断了下属的需求以及驱动需求的动力，好心就会办坏事。高明的领导，就要变成员工“肚子里的蛔虫”，对员工的真实想法了如指掌。看来，领导不是那么好当的啊！

二、唐僧如何激励几个徒弟？

唐僧算不算一个好领导？我想很多人都会说不算，因为作为取经团队的领导，他基本上不了解几个徒弟的真实需求，也几乎没有提供过任何激励。如果不是如来在背后做了“顶层设计”，如果不是观音在暗中安排保护，我估计十个唐僧团队也取不到真经。让我们帮唐僧分析一下，三个徒弟的真实需求以及背后的动机是何种类型。

先分析孙悟空。孙悟空自认为神通广大，在花果山占山为王，但他的心病是一直没有摆脱“妖猴”的身份。用今天的话来说，就是没有“编制”！因此，当太白金星代表玉帝宣他上天“拜受仙箓”时，孙悟空笑逐颜开。后来得知“弼马温”官位太低，还不如自己在花果山称王称霸，于是私自下界，跑回花果山，自封“齐天大圣”。玉帝再次接受太白金星的招安建议，同意给孙悟空“齐天大圣”的名分，但没有安排任何具体事务，其实就是一个虚职。在参加取经团队之后，孙悟空碰到神仙妖怪时，开口闭口就是“俺老孙是五百年前大闹天宫的齐天大圣”。本来，大闹天宫之后，他被如来打趴下了，换个人肯定不提这档子事情，但孙悟空偏偏将它挂在嘴边，可见他其实对名分非常在乎，生怕别人不知道他“齐天大圣”的名号。总之，孙悟空的需求就是三个字：要名分。

然后说猪八戒。猪八戒错投猪胎之后，先是在云栈洞跟了卵二姐过日子，其实就是倒插门的女婿。卵二姐死后，猪八戒坦然继承了老婆的遗产，又跑到高老庄强行做了高太公的倒插门女婿，继续过着小康日子。可见，猪八戒是个非常务实的人，从不管什么名分道义，只要实际利益。他脸皮也厚，在取经路上，为了吃饱可以挨骂，为了保命可以受辱。因此，猪八戒的需求也是三个字：要实惠。

最后谈谈沙僧。沙僧应该是草根出身，没有上层关系，仅仅因为打破了一个玻璃杯就被贬到流沙河，还要每隔七天承受百剑穿心的极度痛苦。对他来说，能够刑满释放，然后恢复原职就是最大的福分了。因此，当观音菩萨找到他时，承诺“功成免罪，复你本职”时，他毫不犹豫地答应了。对于一个穷二代来说，有什么比获得天庭的公务员编制更有诱惑呢？我估计，沙僧和中国广大的农村大学生一样，如果毕业后能够在政府部门谋得一官半职，首先就实现了在当地光宗耀祖的家族梦想，至于自己在政府部门是否有多少实权，那都不是重点。因此，沙僧的需求还是三个字：要编制。

明白了三个徒弟的各自需求，唐僧应该怎么激励他们呢？

对于孙悟空，唐僧第一要充分授权，第二要适时表扬。孙悟空神通广大，足智多谋，颇有主见。因此，只要不太违背常理，唐僧应该让悟空出谋划策，然后自己拍板，最后由悟空负责方案的具体执行。如果事情成功，功劳当然首先要归于唐僧领导有方；如果事情失败，唐僧可以问责悟空。[1] 总之，功劳永远是领导的，过错永远是下属的。另外，孙悟空要面子，唐僧就给他面子。打跑了妖怪，要及时当众表扬，满足悟空的

[1] 有意思的是，唐僧为什么不这么做？参考：聂辉华《唐僧为什么不授权给孙悟空？》，载《经济学家茶座》，2012年第3辑（总第57辑）。

自尊感和虚荣心。

对于猪八戒，就要处处以利益为引导，以实惠换取他的勤勉。例如，要派猪八戒去化缘，唐僧可以规定：在保证师徒四人食物量的前提下，猪八戒可以多吃一点。换句话说，猪八戒弄到的饭菜越多，他自已吃得就越多。这样，好吃懒做的猪八戒就只会“好吃”而不会“懒做”了！如果是打妖怪，可以让八戒打前阵，悟空保护师傅。因为妖精的先头部队一般法力不高，八戒容易取得功果，也就有十足的动力。

对于沙僧，其实不需要额外的激励，因为沙僧是典型的“内在动力”驱动型。为了赎罪，他心甘情愿加入取经团队。他忠厚老实，没有小心眼，也不会开小差。因此，只要按工作业绩给他正常的回报就行了，他要的回报就是一个体制内的编制，最好是官复原职。

三、如来佛祖如何对症下药？

唐僧虽然是取经团队的直接领导，但是他并不了解团队成员的真实需求，因此激励机制没有设计好。除了唐僧和观音，取经团队还有一个最高领导，那就是远在西天的如来佛祖。如来是取经项目的策划人，是他想往南赡部洲传送大乘佛经，以便扩充佛界实力。如来也是取经项目的出资人，在观音菩萨答应前往东土寻找取经人以及建立取经团队之后，他资助了五件宝贝：锦襕袈裟一领，九环锡杖一根，另外还有三个紧箍儿。[1] 此外，如来还是取经团队的庇护者，有好几次都派人甚至亲自帮助取经团队降妖除魔。

但如来不是唐僧，他能成为统领佛界的当世佛祖，不仅法力超群，领导能力也是一流。作为领导，如果只懂专业，不懂政治，如何能处理组织内部复杂的利益关系？且看如来如何针对取经团队成员的需求对症下药，有效实施激励方案。《西游记》最后一回，取经团队取得真经，送回大唐，功德圆满，回到西天，如来论功行赏。仔细分析如来的奖赏，完全契合取经成员的真实需求。

针对孙悟空的“要名分”需求，根据他在取经团队的卓越功绩，如来封他为“斗战胜佛”。这个名分是相当高了，足以满足孙悟空的需求。因为在佛界，最高的阶层是佛祖，次高的就是佛，这二者都算第一等级，然后是菩萨，最后是罗汉。五百年前，孙悟空大闹天宫，为的就是一个名分。玉帝当年先是封了人家一个“弼马温”，等于

[1] 有意思的是，观音只用了一个紧箍儿，套在了孙悟空头上，另外两个被她私自截留，套在黑熊精和红孩儿头上，令二者分别做了她的守山大神和善财童子。

羞辱了人家，后来才默认了一个无品的虚职“齐天大圣”。但是如来出手就不凡，不仅给了孙悟空一个正式的佛界编制，而且直接进入佛界的第一等级，比观音、文殊、普贤等菩萨的地位还高！你说，换做你是孙悟空，还不从此对如来心服口服？对如来而言，不过是发了一顶帽子，但是却一举收服了一个强大的潜在对手，连带震慑了所有害怕孙悟空的各路神仙妖怪，从而大大扩张了佛界的势力和影响力，何乐而不为？孙子云：不战而屈人之兵，上之上者也。看来，如来不仅懂兵法，而且是高手啊！

针对猪八戒“要实惠”的需求，如来对他是又打又拉。一方面，批评他“保圣僧在路，却又有顽心，色情未泯”，按道理应该予以惩罚，猪八戒听到这里肯定是提心吊胆。如来一生气，后果很严重啊！但另一方面，如来话锋一转，“因汝挑担有功，加升汝职正果，做净坛使者”。[1] 八戒一听不满意，凭什么唐僧、孙悟空都成佛了，自己却只是一个菩萨级别的神仙。如来解释，净坛使者就是凡是供奉给佛界的祭品，佛界大仙们吃不完的，都归猪八戒，相当于给了猪八戒对所有供品的“剩余索取权”。这绝对是个实惠的差事。你想，四大部洲无数信众，每年得上供多少猪牛羊鸡以及各色水果。而有福受用这些祭品的，肯定都是主要的佛祖或菩萨，谁家也不会在神龛里供着几十个佛或菩萨吧。可想而知，祭祀后剩下的供品肯定是不计其数，以后这些都归猪八戒了，我估计他开一百个全球连锁店都卖不完！猪八戒听完如来解释后，心里肯定算了一笔账，觉得很划算，就不计较什么佛不佛了，成佛了也吃不了他这么多东西啊。因此，猪八戒最后对这个封号慨然应允。

针对沙僧“要编制”的需求，如来说他“登山牵马有功，加升大职正果，为金身罗汉”。罗汉在佛界的级别低于佛和菩萨，都属于“尊者”，就是受信众尊重的道行较高的人。对于一个草根出身的沙僧来说，能够免罪并且在佛界跻身中层领导行列，他当然心满意足了。不过，为什么如来不兑现观音此前的承诺，让沙僧在天庭官复原职呢？我觉得这有两个原因。第一，在取经团队中，唐僧是小老板，观音是中老板，如来才是大老板，大老板可以否决中老板的决定。第二，沙僧一路护驾有功，忠诚老实，久经考验，佛界肯定不能白培养了他，更不会把这样一个人才留给竞争对手——道教。

（作者系中国人民大学经济学院、国家发展与战略研究院教授）

[1] 请注意，如来并没有提及猪八戒“降妖有功”，为什么呢？

让谁掌管财务？ /党　印

任何组织要发展，都需要钱，也都需要管理钱。让谁来管钱，对于组织发展至关重要。个体户、小企业的老板可以亲自管，比如记账、算账、从银行取钱、日常支出用钱等，均可亲力亲为。但是对于大企业，老板要么不懂复杂的财务技术，要么没时间亲自管，只能让其他人来管。那么，让谁来管呢？

规范地管钱至少涉及两个人：会计和出纳，前者负责记账，后者负责资金收支。如果再规范一点，需进行统筹协调，则需要一个财务总监。如果企业规模较大，可能需要不止一个会计和出纳。让谁来做会计、出纳、财务总监呢？常识告诉我们，让懂会计、会算账的人来做。但是，这样的人有很多，如何甄选出来呢？我们可以从《水浒传》和《红楼梦》中汲取启示。

梁山一百零八好汉都是英雄，为何没让李逵、武松、鲁智深等武艺佼佼者来管钱？李逵等可以冲锋陷阵，虽有万夫不当之勇，但是不适合管钱，因为他们性格粗犷，易冲动，不可能久坐室内，静心做些文案工作，并且他们不懂财务技术，不太会精打细算，因此排除。

另一些人，比如史进、孙二娘等，曾经做过庄主、店主，性格稳重，懂财务，且有财务管理经验，为何不足以掌管梁山财务呢？因为梁山的财务规模与复杂程度非小庄、小店能比，原来管理小庄、小店的财务经验和能力恐怕不足以胜任，因此亦排除。

梁山泊管钱的有三人，柴进是财务总监，李应为其副手，相当于会计，蒋敬考算钱粮支出，相当于出纳。为何这样安排？

先说蒋敬。蒋敬原是落科举子出身，科举不第，弃文就武，颇有谋略，精通书算，积万累千，纤毫不差，人称“神算子”。虽然亦懂刺枪使棒，排兵布阵，但记账算账才是其个人的比较优势。并且其他梁山好汉的计算能力均不如他，计账算账亦是蒋敬的竞争优势。安排其考算钱粮支出，正是发挥其特长。

再说李应。武艺高强，讲义气，家财万贯，曾是独龙冈李家庄庄主，与祝家庄和扈家庄三足鼎立，有运作大型组织的经验，财务管理能力自不必说。但是李家庄的规模不及柴进的庄园，李应的出身背景也不及柴进，所以李应排名在柴进之后。并且，李应谋划水平在柴进之下，对外交往不善于运用软实力，动不动就要武力解决，这些分别体现在龙门山之战、跟祝家庄要人、随柴进运粮途中听闻有人来劫粮等事情上。总体来说，李应有较强的组织管理能力，但对外谋略不及柴进。宋江让其负责内务，很少让其办外交，亦是人尽其才。

最后说柴进。柴进何许人也？皇室后裔，祖上拥有宋太祖赵匡胤赐的丹书铁券，是官二代和富二代，从小衣食无忧，出入将门相府，后来亲自经营庄园，结交天下豪杰，论背景、经历，均是财务总监的不二人选。第一，柴进到梁山前经营过自己的庄园，庄园规模不小，远近闻名，柴进经营得井井有条，风风火火，懂财务运作，有管理大型组织的经验。第二，柴进出身贵族，为人大方，从小不缺钱，对金钱看得淡泊，为捞小钱而自损声誉的可能性很小，中饱私囊、做假账的可能性较小。单单第一条，柴进即适合管理梁山财务，再加上第二条，柴进乃管理梁山财务的最佳人选。同时，配上扑天雕李应和神算子蒋敬，作为柴进的左膀右臂，这是完美的财务团队。

《水浒传》关于财务人员的安排说明，管钱的人一要性格沉稳，做事细心，二是懂财务技术，三要有管理经验，并且管理经验需与新职位匹配，四是最好品德高尚，有良好的金钱观。这四条层层递进，职位越高，要求就越多。

在《水浒传》中，选了出身贵族的柴进做财务总监，贵族成为较高道德水平的一重保障。在同为贵族的情况下，选谁呢？《红楼梦》可供借鉴。

《红楼梦》讲的就是贵族的事，个个出身贵族，由谁来管钱呢？同为贵族的情况下，就需比较谁的管理能力更强。王熙凤是贾府的财务总管，为何由她作总管？笔者认为原因至少有二。第一，王熙凤为贾府内部人，不是职业经理人，不会吃里扒外，不会搞利益外输，即使中饱私囊，也是肉烂烂在锅里，她的个人财富终归属于贾府，不影响贾府的财富总量，顶多是财富占有不均的问题。第二，她除了懂记账算账外，更重要的是，有很高的情商和管理能力，恩威并重，软硬兼施，政治手腕高超。她通过管理财务开支，左右贾府的一些重要活动。贾府的董事长是贾母，王熙凤相当于财务总监兼执行董事，是贾府的实际掌权者。

在王熙凤患病期间，贾府财务大权交给探春，而不是其他人。探春与其他姐妹相比，确有许多过人之处，比如发起海棠诗社，有追求风雅之心，并著有一些名诗，是美女中的才女。同时，探春举止端庄大气，管教丫头有方，遇事沉着镇定，精明能干有决断力，连王熙凤等长辈也敬其三分。探春治理大观园期间，直面大观园的各种挑战，

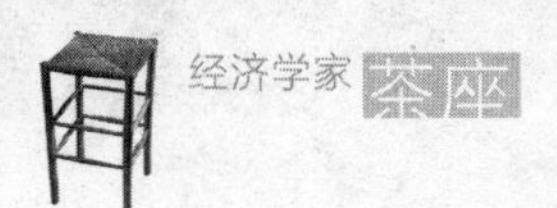

兴利除弊，富有改革精神，她不畏强权，严明纪律，公私分明，廉洁自律，裁减冗员，量入为出，并在关键时候捍卫下人，表现出高超的政治才能和管理能力。从事前评判，探春是王熙凤的最佳接班人选。从事后评判，探春完全胜任这一职位，并且政绩显著，其表现可圈可点。

现实中，大大小小的企业均需要财务人员，最好是找到像柴进、李应那样出身贵族、懂财务的人来管理财务。但是，官二代、富二代的数量总是有限的，有限的官二代、富二代也不一定都喜欢做财务，有些甚至不屑于从事财务工作。这意味着，只能从普通百姓中选聘财务人员。怎么选呢？能力可以通过简历看出来，比如毕业院校、曾经参与过哪些项目、有过哪些从业经历等。没有经验也可以逐渐积累经验。但是，怎么保证道德水平呢？笔者认为，在工作之前，仅从简历和谈话，很难判断一个人的道德水平。为了防止道德风险，最重要的是高悬法律之剑，一旦发现违反职业操守的行为，严肃惩治，用法律约束替代道德约束。现实中很多企业的财务人员并非出身贵族，也照样做得很好，说明了法律对道德的替代作用。

当然，对于普通财务人员，普通的法律制度、监督制度即可约束其克己奉公，不做假账。对于财务总监而言，工作中具有一定的自由裁量权，法律约束可能还不够，道德水平仍然很重要。相对于外部人，内部人的道德风险更小，关系近的人道德风险更小。这就是为什么一些企业财务总监往往出自家族内部，即使没有出自家族内部，也跟大股东或董事长有非常近的关系。财务总监一旦违规违纪，无论是法律层面还是道德层面，面临的惩罚和代价将远高于普通财务人员。

总体而言，管钱只是财务人员的工作之一，财务人员的工作还包括控制支出、统筹协调等。选聘财务人员，首先看性格，其次看会计技术水平，前者可以从出身、背景、言谈举止中见出端倪，后者可以从专业考试中检验出来。对于普通财务人员，到此已经足够，但是对于财务总监，还要看管理能力、管理经验、人品和道德水平等。在同等管理能力条件下选择人品较好、道德水平较高的，在同等人品、道德水平条件下选择管理经验较丰富的。如果从家族外部选聘财务人员，可参考《水浒传》；如果从家族内部选聘财务人员，可参考《红楼梦》。

（作者系中国劳动关系学院讲师，经济学博士）

解不透的未来战争迷雾 / 董国政

一

唯人类是最有想象力的。

一百多年，美国专利局的人说，所有能发明的东西都已经发明出来了。

还有人说，所有的文学故事都已经讲完了、写完了。

也是在一百多年前，有人说，战争再也打不起来了——1909年，英国记者安格尔出版了一本小册子《欧洲虚无的幻觉》，在他看来，当时的世界各国尤其是欧洲各国间的商业和金融联系已相当紧密，没有哪个理智的国家胆敢发动战争。次年，安格尔把他的小册子改编成书，标题改成了《伟大的幻觉》，并被翻译成22种文字。出版发行后，卖出去一百多万本。安格尔传递的信息简单明了：人类已经进入一个崭新的全球化时代，作为解决国与国之间争端的传统方式，战争已经丧失其功能。这不是因为战争太残酷，而是因为从经济上看，战争实在划不来。安格尔的新学说迅即成为那个时代欧洲的基本信条，曾有四十多个组织一起宣传他的学说。

后来的事实不言自明，安格尔的预言失败了。

二

战场好比股市，到处存在不确定性和偶然性，一般人是永远猜不透的，拿破仑当年就非常聪明地指出，谁若想预见战场上的一切情况，那就可以建议他永远别去打仗。所以，克劳塞维茨曾有“战争迷雾”之喻。

越是迷雾，越让人着迷。不要说孙子、克劳塞维茨等以研究战争规律为能事，经济学家也从来没有放弃这一重要领域。

冷战时期，对世界大战的预测多以核大战为果，有的美国经济学家就美国在核战争后恢复经济问题进行研究。在当时背景下，核战的话题如山重压。我们的经济学家或许没有研究过类似问题，但现实中的“深挖洞”等举措也正是为了应对随时可能降临的核大战。

列宁说，战争不是儿戏，而是空前严重的大事。冷战结束以后，关于核大战的话题渐渐冷了下来。美苏两国领导人甚至都提出了“零核”思想。前苏联领导人戈尔巴乔夫当年就提出弃核思想，巧合的是，美国现任总统奥巴马也提出这一设想。2010年，美国拍摄了一部纪录片《倒数至零》，其宗旨是号召人们将核武器从地球上清除掉。此前一年，奥巴马宣布，全球“零核”运动是他核战略的核心。2012年由多位美国前国家安全官员和政治领导人进行的一项研究宣称，“没有明智的理由去使用核武器来解决21世纪我们面临的任何重大问题，包括无赖国家和失败国家带来的威胁、核扩散、地区冲突、恐怖主义、网络战争、有组织犯罪、贩毒、冲突导致的难民潮、传染病、气候威胁……事实上，核武器总的来说可能更多已经成为问题的一部分，而不是解决问题的方案”。不过，尽管核大战的可能性极小，核武器库的规模也由冷战期间的美苏各有约3万和4.5万件，减少到现如今的美俄各有5，000件，但也不能完全排除爆发核战的或然性。美国学者分析，在世界核武器库存已降至历史最低水平、没有哪个大国像在冷战时期那样预期会发生核冲突的情况下，不能完全排除爆发核战的潜在诱因：一是随机性机械故障酿成战争；二是人为错误导致核战；三是“夸张的力量展示”可能引发过激行为；四是有时候最大的敌人恰恰是盟友；五是有人蓄意发动。

有学者指出，随着全球化的飞速发展，国际安全环境发生了两大变化：一是大规模暴力的根源已经“向下”发展，亦即从国家层面转向了个人层面；二是尽管民族国家仍旧互相“竞争”，但这种竞争已经离开了军事领域，而转向经济领域。这就意味着传统的经济力量和竞争已经“向上”发展了，或者说是从国家层面转向了体制层面。有的美国学者辩称，当今每场战争的目的不是为了特殊的利益而去征服一个国家，而是将某个“隔绝的国家”重新接纳到主要由西方国家组成的国际体制或共同体中来。

三

亚当·斯密发明了“看不见的手”这个隐喻，以此比喻分工和市场的作用。

就战争而言，也分看得见的战争和看不见的战争两种形态。也就是说，在当今世界上，国与国之间，既有硬较量、硬实力较量，也有软较量、软实力较量。

有人发明了一个词：“软战争”，也叫“隐形战争”“影子战争”。这样的战争一般是看不见、摸不着的。比如，国与国之间进行的信息战、舆论战、心理战、间谍战——未来学家阿尔温·托夫勒在其所著的《力量转移——临近21世纪时的知识、财富和暴力》

一书中就曾说："世界已经离开了暴力与金钱控制的时代，而未来世界政治的魔方将控制在拥有信息的强人手里，他们会使用手中掌握的网络控制权、信息发布权，利用英语这种强大的文化语言优势，达到暴力和金钱无法征服的目的"；再比如，货币战、贸易战、价格战、经济实力的争夺战、科技实力的较量、文化软实力的较量、一流人才（包括科学家）的战略争夺战，等等。

更进一步，有学者提出，在信息革命不断突破"界"的局限的今天，人类再也不能将社会和战争固定为"只有人类的社会""只有军队的战争"，而是必须把包括其他动物、植物、微生物以及机器人、人造人等在内的一切生命体都纳入战争视野，加以整体运筹和应对。战争平台的迅速整化，体现了战争非传统化演变的新态势。随着信息化工具对人的认识能力与行动能力的不断延展和统一，人类对战争的控制，最终也会像人的大脑导调自己的举止一样得心应手，始终将战争控制于理性底线之下。

这已经超越了冷战后人们提出的传统安全和非传统安全两大威胁范畴。战争无所不在，战场无所不在，挑战无所不在。要打造人类新的文明，赢取未来发展更广阔的空间，就必须应对好这些挑战。

四

1980 年，美国陆军退役中将丹尼尔·格雷厄姆提出了一个新的战略概念："高边疆"。这一新概念一经提出，就引起人们的高度关注，并很快组成了包括三十多位科学家、经济学家、空间技术专家和战略家在内的研究小组，拿出了名为《高边疆：新的国家战略》的研究报告。这份报告回顾了美国的历史，指出美国是一个非常善于开拓新边疆的大国，但以往的边疆开拓都是平面的扩张，而今后的国家边疆将出现立体发展态势，地球外层空间的开发将日趋影响一国的国家安全和国家利益。因此，报告呼吁美国应将太空锁定为新的扩张区域和未来战争的决胜空间。它还主张，美国的核战略应从"确保相互摧毁"转向"确保相互生存"。

随着这一概念的出现，传统的"制空权"概念让位于新生的"制天权"，外层空间的竞争和军事化成为趋势。

历史总能给人以启示。由于受装备水平的限制，冷兵器时代的战场空间基本局限在交战双方的目视距离之内。热兵器和机械化战争时代，战场空间由火器的射程和双方兵力的机动能力决定。随着火器和兵力机动能力的不断提高，战场空间日渐扩大，并由单一的陆地战场发展到海洋战场和空中战场，作战距离由目视距离发展到远程和

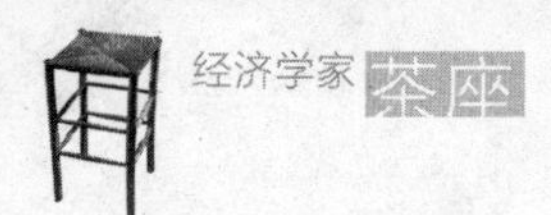

超远程，战场的纵深和维度不断拓展。

进入信息时代后，作战空间从传统的陆、海、空向太空拓展，特别是向信息、心理、电磁、认知等虚拟空间拓展，未来战场上前方和后方、军与民的界限日益模糊，除了在固态的地理空间上有前后之分外，在动态的行动空间上已无先后之别。信息空间是与传统物理学三维空间观、爱因斯坦相对论四维空间观相对而言的新的空间观。此外，第五空间的概念也已问世——未来战争可能由工程技术人员通过在后方操纵计算机来指挥完成，因此，这些人自然成为受攻击的对象。据说，美国先进研究计划局（DARPA）已经研制了专门影响和伤害操作人员心理的计算机病毒。有专家指出，计算机和网络技术的出现和发展给心理战注入了新的活力，极大地提高了其作战效能，成为继陆战、海战、空战和电子战以后的“第五维战争”。

五

战争是一种暴力行为，自古以来，在战争中减少已方兵员伤亡一直是一个重要课题。美军在越南战争中的大量伤亡催生了在冷战后提出“零伤亡”概念。怎么做到“零伤亡”？随着技术的发展，无人化兵器可能主宰未来局部战场，成为实现零伤亡的重要作战样式。

美国媒体曾发表题为《新型机械人把战争带入下一个层次：无人战争》的文章，描述了无人战争的情形：无人机编队蜂拥而来，用精密的仪器探测、侦察与反侦察，它们锁定目标后，从容地发射导弹；自动编程的无人潜艇，执行水下搜索、侦察、排除水雷等多种任务；地面战场上，机械人负责弹药、医疗补给和食物的配送……

如今，无人兵器不但能够在恶劣地形和气象条件下布设障碍或排除故障，还可以作为陆地、空中、海上的军用机械或武器平台使用，而且还能够代替士兵出生入死、浴血奋战。美军在伊拉克、阿富汗、巴基斯坦和也门等战场都使用过无人机，击毙过上千名恐怖分子。改变了空中战争的机器人革命不久将延伸到深海。美国军用机器人专家B. 戴维斯博士认为，目前机器人士兵进入实用化已不成问题，下一步的任务是使这种特殊的军事手段更经济、成本更低。

今天，无人作战平台已逐渐渗入陆、海、空、天、网五维空间，成为未来战场影响作战进程的重要乃至关键性力量。目前，被美军列入研发计划的智能化军用机器人已超过100种。

2013年底，我国首款国产“利剑”隐身无人作战攻击机实现首飞，我国因此成为世界上第四个试飞大型隐身无人攻击机的国家。

六

下围棋的人都知道，没有哪两局棋是完全相同的。所以，古人说世事如棋局局新。

其实战争也是一样的。有识之士说，什么都可以重复，唯独战争不能重复。

我军一位高级将领感慨地说："我们尚未打过机械化战争，而这种战争方式已被淘汰。"问题不仅如此。他认为，现在说得最多的信息化战争"很快也会过时"。

那么，下一代战争是什么样子的？

有人说是非接触战争，有人说是无人化战争，有人说是信息战争，还有人说是意念战争，可谓杂说纷呈。

美国学者早在20世纪就提出了非正规战和第四代战争理论，21世纪初又先后提出"复合战争"理论、"混合战争"理论。俄罗斯学者提出了第六代战争理论。

"后信息化时代，将上演一场生物化战争。"——有人大胆做出了这样的预测。

为什么？

支持者说，一是生物技术的军事应用研究已经扩展到"人一武器"功效、武器操作界面、战场感知、新概念武器、军用材料、军用能源等诸多领域，形成了军用生物技术交叉学科群。

二是从经济形态上看，现阶段，全球生物经济总量每5年翻一番，增长率为25%-30%，是世界经济增长率的10倍。世界经济合作与发展组织的报告认为，到2020年，生物经济规模将达15万亿美元，超过以信息技术为基础的信息经济规模，成为世界上最强大的经济力量。有人预言，到2030年，人类将进入生物经济时代，生物产业将成为21世纪的支柱产业。

三是从人类文明的角度看，军事生物科技及其催生的"制生权"的争夺，蕴含着新的战争文明价值——在这种对抗中，完全摒弃了大规模杀伤的概念。就攻击性而言，它不是"从肉体上消灭"，而主要是追求"去战斗力"，真正实现"不战而屈人之兵"。果若如此，亦为不幸中之幸甚。

未来是不确定的，战争也是不确定的，战争样式也是不确定的。奇兵诡道，亘古未变。选择什么样的战争样式，要依据具体的作战对象、作战目标而定。从这个意义上说，"战争迷雾"将永远笼罩在世界头顶。

（作者系解放军报社高级编辑）

“过度输液”如何停？

/ 庞瑞芝　高贤泽

凡是得过病的人大概都有过去医院输液的经历，大家对国人的“过度输液”问题应该也不陌生。中央电视台早在2002年就讨论过我国“抗生素滥用”的问题及危害。2011年1月，中央电视台“新闻1+1”栏目又针对“过度输液”问题进行过较为深入的讨论，当时的标题是“输液，为何泛滥成灾”。节目中引用的很多数字让人触目惊心，比如“2009年我国医疗输液104亿瓶，相当于全国人均输进了8瓶液，远远高于国际上2.5至3.3瓶的水平”。2009年，“中国人均年消费抗生素约138克，而美国仅为13克”。此外，《2011年国家药品不良反应监测报告》显示，2011年全国共收到药品不良反应/事件报告数量852，799份，给药途径以静脉注射为主，占55.8%；严重药品不良反应/事件报告的给药途径以静脉注射为主，占73.4%。暂且不说这些数字是否足够精确，这些信息和情况的对比已经足以引起我们对我国过度输液及抗生素滥用问题的重视，尤其是在当下国人的健康意识逐渐觉醒，对健康的关注度大幅度提升的背景下。

即使没看过这两个节目的读者多少也知道过度输液的危害，我想大家对于得病后“能吃药不打针，能打针不输液”的道理都有基本的认识。关于过度输液的危害及原因，既然大家都有了解，这里不想过多讨论，笔者写本文的兴趣来自于卫生监管部门为治理过度输液问题出台的一则规定，2014年8月安徽省卫计委公布无需输液治疗的53种常见病、多发病清单，该消息一出，在网上得到很多网友的点赞。这件事还被中国《健康报》评为2014年度中国十大健康事件之一。安徽省卫生主管部门的这一做法在当下“过度输液”的背景下，确实会引起公众对“过度输液”等不当医疗行为和当前医疗环境问题的反思。

不可否认，安徽出台这则规定的本意和初衷是好的，是想通过这样的规定约束医生的不当诊疗行为，降低由医生方面出于利益驱动因素带来的“过度医疗”；另外，也可以约束患者，在当前的医患关系中，有相当一部分不该输液的患者为了疾病尽快治愈主动要求大夫给输液，这种情况下，出台这样一些规定可以为医生正常的诊治提供依据。但是仔细思考会发现，这两方面的理由都站不住脚。试想一下，这样的规定能够真正约束少数无良医生的医疗行为吗？如果医生的医疗行为本身是谋求自身经济收入的最大化，而不是患者利益的真正代表，那么，这样的规定能够奏效吗？患者和医生之间本质是一种委托代理关系，医生原本是患者的代理人，在患者找医生看病时，事实上就形成了委托代理关系，患者请医生利用自己的专业知识为自己做出诊断并提供正确合理的诊治方案。在我国“以药养医”的医疗体制下，医生和医院的经济收入与医生的诊疗方案和行为紧密挂钩，那么理论上来讲，医生在给病人看病时就面临着一个矛盾，即个人经济利益与职业道德之间的矛盾：从职业道德上讲，医生应该从患者角度出发，为患者提供最科学合理（不是疗效最快，而是副作用最小、对健康损害最小，并且同等情况下费用最低）的治疗方案，这种方案也许费用很低，比如吃一些口服药，但医生从中拿到的药品提成几乎没有或者很少；但如果从医生个人经济利益来讲，也许就是另一套方案，比如输液。如何处理这对矛盾，显示出了医生的职业素养和专业水平。对于某些并非无良但是确实很平庸的医生而言，很多时候职业道德和经济利益并不矛盾，也就是说，在一些可以打针就好但是输液疗效更快的情况下，他们会为自己追求经济收入的治疗方案（输液而不是打针）提供非常好的解释：“给患者输液比打针虽然贵了一些，但是效果好啊（见效快）！而且，患者都有医保，考虑到医保支付的比例（50%以上），其实患者多花不了太多钱，患者也愿意输液啊！”对于这些医生而言，“过度输液”就这样发生了！从他们给出的理由中，我们也能看到患者方面的因素，一些患者着急的心态助长了“过度输液”的滋生：一方面，很多百姓其实对于输液的危害缺乏认识，觉得既然输液病好得快，而且有一部分费用由医保报销，干吗不输液呢？另一方面，还有患者对健康常识和一些常见病缺乏基本认知，认识上存在“误区”，觉得“好得快”最重要，如果医生给自己开出的药方见效慢，就是医生没水平、自己吃亏了！

回到前面的话题，令笔者感到疑问的有三点，一问：卫生主管部门出台这样的规定能否遏制住“过度医疗”的歪风？二问：这样的规定是否有“过度干预”的嫌疑？政府（卫生主管部门）到底该干什么？三问：过度输液究竟该如何停？

要回答第一个问题，其实需要追问的是医生在行医过程中，究竟有没有一个医疗行为指南来对他们的医疗行为进行指导和规范？对于疾病治疗（或者叫医疗服务）这样一种“特殊产品”，有没有一个科学合理的“治疗标准”？对于这个追问，我们的现实情况是“这个真没有”！其实，这个不仅“可以有”，而且“必须要有”！试想一下，医生的专业水平是不是参差不齐？对他们的医疗行为是否需要一个更专业、更科学的临床指南作为对他们临床治疗的指导？其实，国外早已经开始探索，美国和澳大利亚等国家已经具备比较成熟的经验。澳大利亚政府早在1995年就开始用临床诊疗指南规范医院的医疗行为，指南规定了患什么疾病找什么人（找全科医生或专科医生）看病，患者应该接受什么样的检查，做哪些治疗。此外，在信息极其不对称的医疗行业中，如果不对医生的行为进行专业指导和约束，我们的健康该如何保证呢？因此，如果我们一味地出台禁止性规定，而不是着手从诊疗行为上进行指引，很容易让医生为了遵守规定而不敢结合病人实际情况用药，很可能使一些患有"禁止输液"疾病的患者贻误最佳的治疗时间，耽误病情，进一步加重医患关系紧张的局面。

对于第二个问题，安徽卫生主管部门出台这样的规定在我们看来有"避重就轻"和不当干预的嫌疑。当然，这样说让出于好心和善意的安徽卫计委会感到委屈，的确，这样做也是没有办法的办法。原因何在？

卫生主管部门应该做什么：建立统一的临床指南，作为医生行医决策的基础，而不是对具体该如何治疗的直接干预。政府对于医疗行为的指导都应该在一个专业的合理的框架下进行，而这个"指南规范"不是由政府官员制定的，而是由主管部门牵头、由医疗领域的相关专家组成的委员会共同基于循证医学基础上探索的结果。根据国外的经验来看，这需要一个逐步完善的过程。然而遗憾的是，目前在我国，这样的工作似乎还没有开始。正如上文所述，如果不做这样的系统工作，而是在医生具体医疗行为上加以行政干预，未免有"越俎代庖"之嫌，结果往往是治标不治本。此外，政府应该做的，还应该保证包括"医师法"等一系列相关法律法规的完善和落实，并在此基础上规范医生、医院的医疗行为，不断加强对医保基金的监管，有效避免医生与患者合谋骗保等问题。近年来，医保骗保现象屡屡发生，医生和患者合谋将非医保支付病种按医保支付病种申报的现象层出不穷。这里当然牵涉到医保制度的不完善，但是对于医患合谋骗保的行为，随着依法治国的不断推进，政府应当不断完善相应立法，逐步建立医生和患者的"信用体系"，并在此基础上协调医疗卫生管理部门、社会保障部门等相关部门，不断改进并完善医保制度，真正发挥相关法律法规的防范与监督作用。

最重要也是最关键的就是，"过度输液"该如何停？如果医生和医院的经济收入不与其医疗行为脱钩，那么再完善的监管制度似乎也难以防范过度医疗问题。医改问题历来是"两会"的一大热点，在2015年的"两会"上，全国人大代表、中国工程院院士钟南山表示："只要切断医护人员的收入与病人医疗费之间的利益联系，抓住这个医改的‘牛鼻子’，相信很多医改医疗的问题就会迎刃而解。”在我国现行的“以药养医”的体制下，所有的医生都不得不面临着经济利益与职业道德的权衡，而这一矛盾在很大程度上造就了当前过度医疗的乱象。可以想见，在这样的制度环境下，即使是有职业良知的医生，在他们个人遇到经济状况窘境或是面对周围巨大利益诱惑的时候，内心也许会十分纠结，而某些情况下，可能就会屈从于那些带来经济利益的治疗方案。因此，如果这样的问题不在制度上予以解决，那么“过度输液”的问题很可能会逐渐演化为“过度包扎”“过度开刀”“过度支架”等更为严重的问题。患者“过度输入”的是“液”，而医生“过度输入”的则是药品背后巨大的经济利益。可以说，医生的药品灰色收入一日不止，患者的“过度输液”一日不停。而要解决这一问题，必须依靠制度的变革。要改变过度医疗这一现状，必须降低当前医生和医院的“创收压力”。在国外的医疗体系中，我们同样可以有所借鉴。法国和日本同样实行的是社会医疗保险体系，但医生则按政府公务员管理，医生的医疗行为、用药或者治疗决策与其个人经济收入完全无关，其工资由国家统一制定和支付。这一做法将医生的收入合理化、透明化，同时如果加入适当标准的绩效考核，可以激励医生更好地为患者提供医疗服务。当然，这一改革并非一蹴而就，医生的收入分配制度涉及诸如药品定价、公立医院收入方式、医疗保险支付方式等一系列医疗体系的问题，但如果我国医改不在“深水区”勇敢地迈出第一步，不切断过度医疗背后的利益链条，那么“过度输液”的问题仍将悬而不决。

最后，还有一点需要我们每个人的共同努力。“过度输液”的问题，不仅仅是制度的问题，同样也是国民健康意识的问题。一些不科学的认识、一味图“好得快”的心理往往造就了“过度输液”现象的滋生。试想，如果我们每一个人在关注健康、防治疾病的过程中，能够对健康常识有更多的了解，以为自己健康负责的心态更谨慎地选择用药，那么“过度输液”这一问题将会受到全社会的共同抵制与共同监督。我想，当一个问题被全社会所认识并付诸行动做出改变时，我们离问题的解决时日不远矣。

（庞瑞芝：南开大学经济与社会发展研究院博士，高贤泽：南开大学经济与社会发展研究院硕士生）

从一道测试题看“黑板经济学”/李晓平

据说美国中央情报局（FBI）在某一年招募新人时出了这样一道素质测试题：“有5个海盗，抢了100颗价值连城的钻石，他们提出了这样一个分配方案：抽签决定出1–5号，先由1号提出分配的方法，如果能得到半数以上（不包括半数）的人支持，就获得通过，否则1号将被扔进海里喂鱼；1号被扔到海里后再由2号提出新的分配方案，如果能得到半数以上（不包括半数）的人支持，就获得通过；否则2号也将被扔进海里喂鱼；依此类推（提示：①每一颗钻石的价值都是一样的；②每一个海盗都能正确判断出当时的形势，并能做出正确的判断）。问：如果你是1号，你应该提出怎样的分配方案，才能在确保自己最大利益的前提下能得到半数以上的支持，使自己不被扔到海里喂鱼？”

在刚得知这道题时，笔者曾苦思冥想、绞尽脑汁地思考了好几天，也无法得出正确解答。后来在被提示“应该从4号开始由后向前逐个思考”后，笔者才算推导出这一问题的“正确解答”。

这道题目的“正确解答”是这样的：

如果前三个海盗都已被扔进海里喂鱼，只剩下了4号和5号这两个海盗时，则4号海盗只能提出“0，100”这样的分配方案，让5号海盗独吞这100颗钻石，但这种情况下5号海盗仍可能会反对这一方案。因为这时5号海盗反对不反对都可以得到这100颗钻石，所以当只剩下两个海盗时，4号海盗既得不到钻石又仍有可能会被扔进海里喂鱼，所以4号海盗的最佳策略是绝不能让这种情况出现，即绝不能让前三个海盗都被扔进海里喂鱼。

这样当剩下三个海盗时，3号海盗就应该提出“100，0，0”的分配方案。因为他知道无论自己提出何种方案，4号海盗为保住他自己的性命都只能同意，这样三号海盗的这一方案就既能使其自己获得最大利益，也能因为得到这时的“半数以上支持（3号自己和4号海盗的支持）”而获得通过。

这样当剩下四个海盗时，2号海盗就应该提出“98，0，1，1”的分配方案。因为他知道如果自己被扔进海里，4号和5号海盗就都得不到钻石了。而自己所提的这一方案比3号海盗所可能会提的方案能够使4号和5号海盗都多得到一颗钻石，因此这一方案能够因为得到“半数以上支持（2、4、5号海盗的支持）”而获得通过。

所以，对1号海盗而言，他就应该提出“97，0，1，2，0”或“97，0，1，0，2”这样的分配方案。这一方案比2号海盗将会提出的方案能使3号海盗得到1颗钻石，并使4号或5号海盗多得到一颗钻石，因此这一方案能够因为得到1、3、4号或1、3、5号三个海盗的支持而获得通过；而且这一方案也能使1号海盗获得最大利益。

所以，此题的“正确答案”就是作为1号海盗应该提出“97，0，1，2，0”或“97，0，1，0，2”这样的分配方案。

笔者后来在单位的一次聚会时曾出此题给多位同事解闷。但十多位专业为经济学或管理学，学位为硕士或博士，职称为讲师、副教授或教授的同事，经集体长时间讨论后虽给出了多个答案，却都未能给出以上“正确答案”。而在应他们的强烈要求笔者说出“正确答案”后，他们中的不少人仍然认为这一“正确答案”甚为荒谬，他们认为如在现实生活中真的发生了这样的事情，如果1号海盗提出的是“97，0，1，2，0”或“97，0，1，0，2”这样的分配方案，应该立马会被其他四个海盗联手扔到海里去。有同事甚至认为此“正确答案”解答的关键是“4号海盗会被扔到海里去”，前三个海盗会被扔入海里尚可理解，但到4号海盗提出分配方案时，已是“一对一”的局面了，4号和5号海盗“谁能干过谁还不一定”，4号海盗为追求自己的最大利益，能毫不反抗地就被5号海盗扔到海里吗？

笔者的这些同事都是在高校中讲授经济学或管理学课程的教师，对“经济人”“利益最大化”“完全理性”等概念基本都是“烂熟于胸”，但他们对这一智商测试题的“正确答案”居然会是这样的态度，让笔者很感意外。以经济学的知识来看，笔者的同事们对此题“正确答案”的观点似乎有些“强词夺理”，但也提示笔者应该考虑这样的事情在现实生活中是否真的能够发生。

“5个海盗抢得100颗钻石”这样的事情如果真的在现实中发生，应该是很难会真的按照上述“正确答案”即“96，0，1，2，0”或“96，0，1，0，2”那样的方案来进行分配。因为这五个海盗中或许会有“老大”，可能会由“老大”来决定分配方案；或者这五个海盗也可能过去有过合作抢劫的经历，因此他们可能会按照过去的分赃惯例来进行分配；或者这五个海盗在此次抢劫中所起的作用有所不同，因此他们可能会“论功分赃”；或者他们在今后可能还会进行合作，因此他们可能会为今后更好地进行合作而进行分配。总之，由5个海盗抢得100颗钻石，很难得知他们究竟将会如何分配这100颗钻石，他们之间的“过去”“现在”“未来”和“相互关系”等因素都可能会对分配方案产生影响，不同的“5个海盗”对“100颗钻石”很可能会有不同的分配方案。但按照普通常识，有一点基本可以肯定，那就是分配方案一般应该是“人人有份”，不应该会出现有两个海盗参与了抢劫却“一无所获”的情况。

但对这一测试题，如果从经济学里的“经济人”“利益最大化”和“完全理性”等假设出发，经过正确的逻辑推理，确实应该得出“97，0，1，2，0”或“97，0，1，0，2”这样的分配方案。但这样的分配方案又比较荒唐，在现实生活中基本不可能实现。从一定的假设通过正确的逻辑推理得出比较荒唐的结论，这就说明那些假设很可能有问题。

实际情况也是如此，人们一般都是追求自己的“效用最大化”的，但因为“效用”不太好具体度量和表现出来，一些经济学家们就用“利益最大化”来代替“效用最大化”；人也确实是有一些理性的，但同样因为“理性”的程度不好具体度量和表现出来，一些经济学家就用“完全理性”来作为人的理性程度的假设，假设人们总是能够从多种甚至可能是无穷种方案中迅速找出对自己最为有利的方案。“利益最大化”和“完全理性”这两个假设看上去都是有合理性的，但应该说都不是“百分之百正确”，与“真实情况”存在着偏差。经济学家们从这些“看上去具有合理性”但不是“百分之百正确”的假设出发进行逻辑推理来得出结论，虽然逻辑推理过程正确，但也会如“差之毫厘，失之千里”那样，得出较为荒唐的结论。

美国经济学家科斯（Ronald H. Coase）荣膺1991年诺贝尔经济学奖，1991年12月9日他在诺贝尔奖颁奖典礼上致辞时说：“What is studied is a system which lives in the minds of economists but not on earth. I have called the result ‘blackboard economics’（经济学家们所研究的是一个存在于他们心目中的而不是真实世界中的经济体系，我把这种现象称为‘黑板经济学’）”。像上面这种以“利益最大化”和“完全理性”为基础来分析“5个海盗”会如何分配所抢到的“100颗钻石”，应该就属于“黑板经济学”。这种“黑板经济学”从假设到逻辑推理看上去似乎都挺有道理，但所得出的结论却很可能会与“真实情况”大相径庭。

虽然科斯在该演讲中就已指出“What we have is a very incomplete theory”，意思是说由“黑板经济学”的研究方式所得到的理论是一种很不完整的理论，但目前“黑板经济学”仍然是经济研究中的常见方式。从影响力甚大的主张“政府干预”的“凯恩斯理论”，到与“凯恩斯理论”唱反调的反对“政府干预”的“理性预期学派”，基本都属于“黑板经济学”。一些经济学家醉心于从一些看似合理的假设出发，经过精心地模型构造和逻辑推理来得出一些结论，并根据这些结论来提出自己的政策主张。他们往往无须观察或调研现实经济状况，仅凭自己的想象和推理，在自己的书斋里或书桌上就能够“发展”经济学，并提出经济政策主张。这一切都“看上去很美”，但上述 FBI 测试题的“正确解答”告诉我们，这种“黑板经济学”所得出的结论，与现实生活中的真实状况很可能会“相去甚远”。

所以，笔者对“黑板经济学”的态度是:“至于你信不信，由你。我反正是不信了。”

（作者系安徽财经大学商学院副教授，管理学博士）

大学，首先是大学生的大学 / 刘福寿

在口号声中浸泡了漫长岁月的我们，有些麻木了，对当前大学里“以学生为本”的说法很不以为然，因为知道它没有多少内涵的支撑。

2014年12月出台的北京大学综合改革方案中提到的“师生治学”，倒是颇具“新意”。看来，尊重学生在大学里的主体地位要有一些实质性的动作了。

这算不算“创新”呢？如果翻看一下高等教育史，就不难发现，这恐怕只能是“旧时王谢堂前燕”了。

远古的大学不说，我们从“university”说起。11—13世纪的欧洲，由于社会环境较好，经济稳定，市民生活活跃，出现了一些由不同市民群体组织的社团，拉丁文称为“universitas”，即“行会”。其中有一类是为适应城市、国家、教会、商业等管理的需求而组织青年人进行教学、帮助青年人获取专门知识的社团，称为“university”。这类社团因与我国古代大学类似，翻译家译为“大学”。所以，从发生学的角度考察，大学本来就是大学生自己的组织。在这些大学里，学生的权力最大。大学怎么办、怎么管、请哪些人做教师、上什么课，都是学生说了算。甚至到了19世纪，在大学理论的集大成者纽曼那里，大学依然被定义为“来自各地的教师和学习者”，“大学要么指学生而言，要么指学科而言”。所以，学生的主体地位是不言而喻的。

后来，在大学逐步走向正规化的过程中教师的地位越来越高。尤其是19世纪德国教育家洪堡确立了大学中教学与科研并重的原则后，大学教授最终成为大学的统治者。学生的主体地位“大权”旁落，从自我管理者变为被管理者。

尽管如此，作为大学里最大的“民”，在西方民主的环境中，学生还是保留了参与学校管理的权力。而且至今在世界各国，大学的最高管理机构（如董事会、理事会、校务委员会、评议会、学术委员会等）中依然保留着学生名额。为了给个具象的概念，我举几个例子。巴黎第一大学：学校行政机构主要有三个委员会，即行政委员会、科研委员会、学生及生活顾问委员会，每个委员会中都有学生参与管理，其中学生所占比例：行政委员会为25%，科研委员会为8%，学生及生活顾问委员会为40%，还有一

个执行机构叫副校长办公室，学生席位占33.3%（见杜作润主编《世界著名大学概览》，四川人民出版社1994年版，第215页）；加拿大多伦多大学：最高决策机构为校务治理委员会，委员共50人，其中教师代表12人，学生代表8人，校友代表8人，省政府任命的社会名流16人，校长副校长及校长任命的2人（见上书第408页）；菲律宾大学最高权力机构是董事会，有学生代表1名（见上书第7页）；德国哥廷根大学的最高权力机构是大学管理委员会，其中教授、学生、科研辅助人员、技术及管理人员的比例是7:2:2:2，校务委员会共有委员130人，其中学生委员为20人（见上书174页）；荷兰乌得勒支大学最高层次的管理机构评议会，共30人，其中教学人员、技术管理人员、学生代表各占1/3（见上书第247页）；危地马拉圣卡罗斯大学：管理机构是校最高理事会，成员包括校长、系主任、院长、教授代表（每系1人）、学生代表（每系1人）、行政秘书和财务委员会主任（后两者只有发言权而无表决权）（见上书第699页）。总之，国外大学在学校的管理上，从决策、行政到日常生活，学生都有深度参与。

其实在中国古代，学生的自主学习、自我管理是大学的基本模式。《尚书·说命》中说："惟学学半。"意思是，学生自主学习、自我管理，是教学的一半。"教学相长"是孔子的一贯思想，在他举办的大学里，学生的学习和师生的日常生活管理都是由学生安排的。当时齐国首都临淄出现的"稷下学宫"，虽然是由国家兴建，但学生们却是自愿从周边各（诸侯）国而来自主研讨、互相切磋学问的，由此成就了一批百家学术的领军人物。在书院时期，师生之间的"互动"也是基本教学方式，岳麓书院就干脆把教学场所命名为"半学斋"。

民国初年，我国著名教育家陶行知、蒋梦麟、林砺儒等都曾专文讨论大学生的自治问题。陶行知说，大学要"为学生预备种种机会，使学生能够大家组织起来，养成他们自己管理自己的能力"（见杨东平编《大学精神》，辽海出版社2000年1月版，第261页），他还历数大学生自治的好处，一是"可为修身伦理的实验"；二是"能适应学生之需要"，防止学校举办人所定规则、所办事体与学生隔膜；三是"能辅助风纪之进步"；四是"能促进学生经验之发展"（见上书，第262–264页）。蔡元培在北大、蒋梦麟在北京高师、陶行知在他创办的晓庄师范学校都曾倡导和实行学生自治，为大学教育树一代风范。

古今中外的经验已经证明，大学生是社会上一支朝气蓬勃的力量，除了学习外，他们在关心民族命运、引领社会文明、传播文化知识、推进科技创新、参与社会事务等方面，都有不凡的表现。

今天的大学生呢？比古代大学生的起点高多了。一是入学年龄一般在 18 岁以上，已经有了完全的民事行为能力；二是他们受过了完整的基础教育，而且成绩优良；三是他们确立了专业学习的目标，为走上工作岗位、走向社会着手知识和技能方面的实际准备；四是有了参与社会活动的经验，懂得了个体、群体、社会的关系，建立了社会责任意识，而且充满激情；五是在互联网和多媒体的语境下，视野广阔，知识丰富，思维活跃，其思辨能力、判断能力和主见明显优于以往时代的大学生。在社会上，有哪个群体比他们更能关心未来、更能坚持正义、更能批判龌龊、更具创新锐意呢？虽然他们还不成熟，也必然有不少缺点，但从总体上看，他们是为社会进步提供正能量的庞大群体。

新中国成立后，我国大学体制发生了根本变化。在这个变化中最大的失误之一，就是大学生在大学中的地位全面失落，大学生由传统的“学者”（孔子有云“古之学者为己，今之学者为人”，韩愈也说“古之学者必有师”）或“学习者”，变成了“受教育者”。这一变化，使学生由“主动”变为“被动”，由“自动”变为“受动”。学生不但失去了参与学校事务的机会，甚至连学习也成为“你叫我学”和“你教我学”的事了。学生“被管”“被教”，主动性被泯灭，锐气被挫伤，再加上历次政治运动中的“掐尖”行动，恐怕就是今日体制死气沉沉毫无生气以及“出不了拔尖人才”的关键原因之一了。

社会上给大学生戴了不少“帽子”，什么“二”“屌”“宅”“霸”“啃老”“坑爹”等，其实这并非别人的“创造”，而恰恰是大学生在被压抑之下百无聊赖、自暴自弃而自行“加冕”，用来“自丑”的。这可以看作是“正气”的“歪用”。

由此看来，调动大学生正面参与的积极性和主动性，成了大学深化改革和建设“一流”的不可不逾越的“沟坎”。北大出台综合改革方案这一举措，可算“小试牛刀”。后续的推进会更重要。如果把这一举措做成给个别学生加封几个只能听听报告、鼓鼓掌的“闲差事”，恐怕会于事无补。教育事业发展需要解决的是整个体制问题，因此，正如党的十八大报告所指出的，改革要“深化”，要逐步走向深水区。

要做到这一点，必须树立一个概念：大学首先是大学生的大学。因为办大学一是为学生，二是靠学生的。

（作者系河北经贸大学退休教授，现供职于河北传媒学院）

贫困家庭的孩子为什么不读书？

/邹薇　郑浩

农村地区出现新的“读书无用论”了吗？

纵观各国长期经济增长历程，人力资本投资对于摆脱贫困、提高收入水平具有十分重要的意义。但是，我国多数省份已连续多年出现高考报名人数下滑的现象，2015年全国研究生考试报名人数也首次下滑。相比于高收入家庭，低收入家庭普遍地无法或者不愿让子女接受较高程度的教育，新一代进城打工者出现低龄化、低学历化倾向。一种新的“读书无用论”思潮似乎在蔓延，特别是在贫困的农村地区。

针对上述问题，我们采用中国健康与营养调查数据[1]进行分析。该数据集中样本选用的是多阶段的随机集群抽样方法，每年样本有3400—4400个家庭户，其中农村家庭2500—3000户。通过对各阶段教育的相关数据进行统计处理发现，农村地区各教育层次的失学率呈现不同程度的上升。

其一，农村户各阶段的教育失学率均大大高于全国平均水平。就初中失学率而言，农村户的初中失学率在1989年高达31.58%（同年全国水平为5.87%[2]），此后经逐年下降，到2000年仍达25.81%（3.48%），随着农村九年义务教育的推广，初中失学率下降到2009年的2.63%（1.38%）。就高中失学率而言，农村地区持续较高。1989年为42.86%（11.98%），到2000年甚至上升到71.43%（12.72%），此后农村户高中失学率曾经明显下降，但是随后再次反弹，到2009年仍高达36.36%（6.98%）。就大学阶段的失学率而言，全国的大学失学率总体上在上升，其中农村户的大学失学率更高、上升态势更明显，1989年为17.39%（3.36%），2000年上升到65.38%（6.62%），2009年进一步上升到80.00%（64.52%）。

其二，对不同教育层次比较而言，农村户高中失学率与全国平均水平的差距最大，

[1] 中国健康与营养调查（China Health and Nutrition Survey，简称CHNS）数据包括1989年至2009年之间的八轮调查结果，在1997年之前调查包括8个省区，辽宁、山东、江苏、河南、湖北、湖南、贵州和广西，在1997年用黑龙江代替辽宁，从2000年开始对以上9个省份都进行调查。

[2] 本段中括号内均为“同年全国水平”。

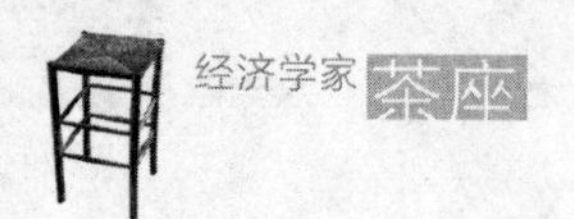

同年份农村户高中失学率比全国平均水平高出若干倍。作为高中大量失学的结果，农村户的大学失学率在调查年份间的上升幅度最为明显，从1989年到2009年，农村户的大学失学率上升达62.61%。

其三，就受教育的性别比较而言，农村户女孩在各阶段的失学率并不明显高出农村平均水平。排除抽样统计误差因素，这部分说明随着农村户均子女数目的减少，农村户对于子女教育投入的性别差异并不大，农村失学率高并不是由于“重男轻女”所致。

问题究竟出在哪儿？

教育不足与持久性贫困之间有什么关联性？贫困家庭是因贫而不读书、还是因不读书而贫困呢？各国学者从不同视角进行了研究。阿玛蒂亚·森认为贫困与教育不足存在互为因果的作用，使得贫困具有自我强加的持续性。一些学者强调宏观因素，认为造成持续性贫困的主要原因是存在着市场失灵与制度失灵的问题，前者表现在于收入分配缺陷、信息不完备和次佳的市场结构；后者则包括政治体制、法律系统、社会规范和群体习俗等，它们的交互作用会妨碍经济增长，而且会阻碍穷人跳出贫困陷阱。有些学者侧重微观分析，认为对于一些落后国家，耐心的缺失会使个体选择增加即时消费而非储蓄，那么该经济将会迅速达到资本存量为零的均衡状态，从而陷入发展停滞阶段，进入持续性贫困状态。还有许多学者则强调信贷约束、不完美信贷市场和投资风险等对于贫困户决策的影响。

如果说接受教育和培养技能是摆脱贫困的重要途径，那么，为什么贫困农村户的教育投入反而更为不足呢？问题的关键要从教育的回报或收益率上探寻。近年来，关于我国教育投资回报率的研究也引起了国内外学术界关注。多数研究者采用宏观数据，尽管在数据时段、分析方法等方面存在差异，但是关于我国教育的收益率的总体认识是：第一，城镇教育回报率通常高于农村；第二，女性的教育回报率高于男性；第三，时间趋势上，1993年以前的教育收益率缓慢增长，到1994年迅速提高，之后又缓慢增长，且农村地区教育收益率增幅远远低于城镇地区；第四，大学阶段的教育回报率高于高中之前的回报率，高中以下层次间的差异并不显著。

我们仍然采用CHNS微观数据，以村或社区为单位，对各教育层次的平均收入和方差进行了统计分析。尽管从初中到高中再到大学，各种教育水平劳动者的平均收入均出现逐年上升的趋势，并且依教育水平的提高，收入水平逐层递增，但我们依然发现了两个不能忽视的特征：一是较高教育层次的收入上升的速度明显变慢，较高教育层次相比低教育层次的收入溢价明显地缩小。1989–2000年间，初中教育者的平均收入上升了3.8倍，同期高中教育者的收入增加6.3倍，大学教育者的收入增加7.7倍，然而2000–2009年间，初中、高中、大学教育者平均收入的增长速度越来越接近，分别为2.9、3.1和3.3倍。二是初中教育者的收入方差最小，大学教育者的收入方差次之，高中教育者的收入方差最大。收入方差的扩大增加了接受高中和大学教育的未来收入风险，降低了升学接受更高教育的吸引力。因此，许多适龄高中的农村孩子选择提前加入劳动大军。

可见，造成贫困陷阱的一个原因是教育贫困与收入贫困互为强化，而风险是阻碍人力资本代际传递的关键因素。在缺乏运转良好的保险和信贷市场时，低收入者会通过选择更加保守的方法来缓解逆向冲击和平滑消费，在面临风险时，会通过彻底放弃虽然有风险但能助其致富的机会来限制风险暴露。那些低收入者对风险的反应有一个共同的特征，即高风险导致的溢价成本削弱了致富项目的预期回报水平，他们倾向于选择保守的低风险低预期收入的项目，这反过来又固化了低收入者长期贫困的境地。

贫困家庭的人力资本代际传递：跨代模型框架

为了研究贫困家庭教育投资不足之谜，我们构建了一个教育投资决策的微观模型，重点研究投资风险对于贫困家庭人力资本代际传递的影响，试图从教育投资风险阻碍人力资本代际传递的角度解释低收入家户持续性贫困的问题。

模型采用跨代（OLG）框架，假定经济体中每个个体只存活一期，各个个体有且只有一个孩子；孩子将从父母那里获取遗产。在生命之初，每个个体可以选择如下两种职业之一：第一种选择，不进行人力资本投资，直接在传统部门得到一份不变技术回报的工作；第二种选择，以某个固定成本进行人力资本投资，该项目的投资收益为熟练技术工人的收益支付。如果财富水平过低，则个体可以通过借款来弥补投资成本不足的部分，但是需要支付借款利息。借款利率高出无风险利率的溢价程度反映了信贷市场的不完美，这也是基于监督和执行合同的需要而传导给借款人的借款成本。

究竟有多少人需要通过借款来投资子女教育呢？这与教育的固定成本密切相关。一方面，教育投资成本是需要先行垫付的，是先期的教育成本，而收益则可能发生在若干年之后。因此，人力资本类的投资项目往往最不易通过抵押担保融资，因为靠人力资本投资后获得的资产很难抵偿投资项目失败的风险。另一方面，投资于人力资本的项目也可以理解为帮助低收入者跳出贫困的机遇，因此需要先期垫付的固定成本和

信贷市场不完美程度就构成了跳出贫困的阻碍。

在没有风险的情形下，每个个体对于是否选择进行人力资本投资后的工作回报都视为常数。因此，给定合适的参数后，可以得到经济体中的多重均衡：当初始财富水平小于临界值的个体最终将收敛于低均衡点，初始财富水平高于临界值的个体最终将收敛于高均衡点。但是，考虑风险的情形显然更为符合现实，每个个体在做出人力资本投资决策前都无法观测到当期收入与未来人力资本回报可能面临的冲击，此时生产参数围绕着其均值随机变动。我们通过马尔科夫过程和数值模拟来刻画各收入阶层的家族财富动态转移情况。结果发现，在存在人力资本投资风险的情况下，不同的初始财富水平将决定长期的收入水平和代际的收入不平等情形。经过长期演化，贫富群体之间并不是必然出现两极分化：更富裕或受教育更好的个体、更贫穷或受教育愈差的个体都有可能收敛于高收入均衡点或低收入均衡点。在风险比较极端的情形下，处于高均衡状态的个体依然有落入低均衡状态的可能，反之亦然。在风险分布平稳的情形下，落入低均衡和升入高均衡的比例将保持一种动态的稳定；在风险的分布是非平稳的情形下，多重均衡可能会转化成单均衡点。

越穷越不读书、越不读书越穷的“怪圈”：实证分析的发现

我们采用 CHNS 数据进行实证分析，检验影响人力资本代际传递的因素，提出了如下三个检验假说：

假说 1：在人力资本投资的成本、预期收益和风险、机会成本和风险水平一定的情况下，当个体财富水平低于投资成本时，个体决定接受教育进行人力资本投资的意愿与个体的财富水平正相关。

假说 2：在个体财富水平和人力资本投资成本一定的情况下，个体决定接受教育进行人力资本投资的意愿与机会成本及其波动程度负相关。

假说 3：在个体的财富水平和人力资本投资成本一定的情况下，当个体财富水平高于投资成本时，个体决定接受教育进行人力资本投资的意愿与投资的预期收益水平正相关，与预期收益的波动程度正相关；当个体财富水平低于投资成本时，个体决定接受教育进行人力资本投资的意愿与投资的预期收益水平负相关、与预期收益的波动程度负相关。

我们选取了六项指标，包括教育决策的潜变量观察值、个体收入、接受教育的预期收益、接受教育的收益风险、不接受教育的预期收益和不接受教育的收益风险，分

别构造了三组教育决策的回归模型：是否接受初中教育、是否接受高中教育和是否接受大学教育。此外，还考虑了各家庭所处的外在环境，包括社区变量（社区平均教育水平、社区内的升学率和社区内的失业率）、个体特征变量（个体年龄、性别、是否居住在城市和所处区域）以及一些家户特征变量（户主教育程度、家户规模和户主工作状态等）。

分样本处理和 Chow 式统计的结果表明，在是否接受高中教育和大学教育这两类人力资本投资的选择问题上，高、低两个收入群体的财富水平与投资意愿之间确实显示出不同的关系。依据个体收入水平分样本处理后的结果表明：在低收入家户中，个体进行人力资本投资的意愿与其收入水平正相关，这意味着越是贫穷的家户进行人力资本投资的意愿会越低；在高收入家户中，个体进行人力资本投资的意愿与其收入水平负相关，但关系较弱。从回归分析的效果来看，高中教育决策组的分析结果与三个假说在统计意义上更为相近。

在影响人力资本投资意愿的其他几个主要变量中，分析显示：在高收入家户组中，人力资本投资意愿与人力资本投资的预期收益正相关，但与收益风险的关系并不显著；在低收入家户组中，人力资本投资意愿与不进行人力资本投资的预期收益负相关，这两点与假说 2 和 3 是部分一致的。对于假说 2，分析结果还表明，个体决定进行人力资本投资的意愿与机会成本及其波动程度之间负相关。

我们还考察了教育相关的环境变量的影响。其一，从高中教育决策组来看，个体的年龄、社区教育水平和时间趋势对于个体进行教育决策的影响较为显著。随着个体年龄的增长，个体接受教育的意愿在增加；随着时间的推移，个体的教育投资意愿也在显著上升；社区的平均教育水平越高，个体选择接受教育进行人力资本投资的意愿会越强，这表明个体的选择行为会表现出一定的群体效应。其二，人力资本投资意愿与地区的经济发展水平之间并没有表现出显著的统计关系。在地区特征上，农村和城市之间并未表现出显著的差异；在省份的差异上，各省相互之间个体的人力资本投资意愿并未有明显的差异。可见，从微观决策层次看，经济强省未必就是教育大省，学校匮乏、师源缺少地区的个体未必不愿意接受教育。其三，从分位数回归来看，随着分位数的增加，个体收入对于其接受高中教育的分位数回归系数先降后升，表明个体收入对个体接受高中教育意愿条件分布的两端的影响大于中间部分，即个体收入的变动对于处于人力资本投资意愿两端的家户影响更大。

总体而言，相比于高收入家户，教育投资的收益风险对于低收入家户选择是否让

孩子继续接受教育有显著影响：对于初始财富水平较低的家户来说，在教育投资无风险时，由于家贫导致的风险溢价会成为其投资中的一项额外成本，削弱了教育投资的吸引力；在教育投资有风险时，教育的机会成本和未来收益的不确定性会影响教育投资的决策。因此，相对高收入家户来说，风险使得低收入家户更容易放弃让孩子接受教育的机会。

因此，在反贫困之战中，微观个体的人力资本投资意愿应该引起政府更多的关注。在对贫困地区、贫困人群的扶贫过程中，应有效地消除低收入群体人力资本投资不足导致的持续性贫困。为此，要采取措施减少低收入个体进行人力资本投资的成本；拓宽创新、创业和就业的渠道，降低人力资本投资的未来收益风险；注重教育资源的配置，在各种不同的社区营造有利的教育环境和教育氛围。

（作者来自武汉大学经济与管理学院）

需要减轻税负的一个间接考证 / 陈 宪

略通宏观经济常识的人都知道，从国内生产总值（GDP）到个人可支配收入（DPI），中间有一些减项，如果减项的数额较大，则个人可支配收入就较小，其占GDP的比重也就较低。一些国际组织和国家会据此计算人均可支配收入占人均GDP比重（下文简为“人均收入占比”），作为相关分析的依据。尽管由于各国（地区）经济制度和结构等方面有着差异，人均收入占比可能具有一定的不可比性，但当这一占比存在较大差距时，还是可以说明一些问题的。

中国因为原来没有全国居民人均可支配收入的数据，所以就无法计算这一指标。国际组织曾有对中国的估算，前些年笔者曾看到过世界银行的数据，他们的估算结果是20%多一点，这显然是低估了。尽管中国大陆人均收入占比肯定低于发达国家和地区的水平，也可能低于世界平均水平，但不至于低到他们估算的结果。2013年，国家统计局根据从2012年四季度起实施的城乡一体化住户调查，第一次发布了全国居民人均可支配收入数据。据此，我计算了2013、2014两年中国大陆人均收入占比。

2013年，中国大陆全年国内生产总值568，845亿元（此为初步核算数据，不用最终核算数据的理由是，因为当年统计公报中的居民人均可支配收入是与此对应的），年末全国大陆总人口为136，072万人，人均GDP为41，805元；全国居民人均可支配收入18，311元，人均收入占比43.8%。2014年，中国大陆全年国内生产总值636，463亿元，年末总人口全国大陆总人口为136，782万人，人均GDP为46，531元；全国居民人均可支配收入20，167元，人均收入占比43.3%。这就是目前我国人均收入占比的水平。

国民生产净值（NNP）= 国民生产总值 − 折旧

国民收入（NI）= 国民生产净值 − 间接税 = 工资、利润、利息和地租之和

个人收入（PI）= 国民收入 − 公司未分配利润 − 企业所得税 + 政府给居民户的转移支付 + 政府向居民支付利息

个人可支配收入（DPI）= 个人收入 − 个人所得税 = 消费（C）+ 储蓄（S）

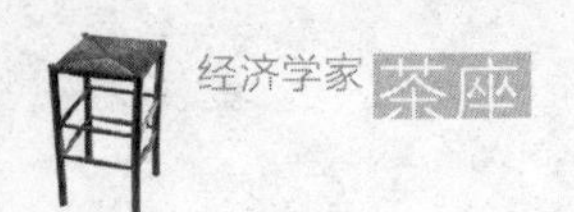

税收是公共服务的价格，有关中国的宏观税负孰轻孰重，一直存有争议。笔者以为，这里需要厘清两个基本问题：其一，我们讲的是什么口径及意义上的宏观税负？其二，宏观税负水平与老百姓获得的公共服务之间的关系如何？

宏观税负有小口径和大口径及名义和实际之分。以 2009 年为例，当年中国税收收入 59，521.59 亿，GDP 最终核实数为 340，903 亿元，据此计算，小口径宏观税负即税收收入占 GDP 的比重为 17.46%。就此而言，确实不能说中国的宏观税负重。然而，从大口径宏观税负角度看，情形就发生了较大变化。大口径宏观税负是税收收入加非税收入（即政府收入）占 GDP 的比重。非税收入主要包括行政事业性收费、政府性基金（附加）和国有资源（资产）有偿使用收入等。由于非税收入的计算范围不尽一致，大口径宏观税负水平会有不同的计算结果。日前《人民日报》一篇文章计算的 2009 年大口径宏观税负为 31.4%。也有其他的计算结果，大多在 35% 左右。即便根据较低的大口径宏观税负计算，中国的税收收入占政府收入的比重为 55% 左右，这与成熟市场经济国家税收收入一般占政府收入 95% 以上相比，中国的非税收入总量过大、占比（45% 左右）过高。因此，我国税制改革的一个重要内容，就是改革非税收入，部分纳入税收收入，部分予以清理整顿。必须指出，非税收入同样是老百姓的负担。例如，土地及其他自然资源的收入，来自原本属于全体老百姓的存量资产，其折现部分就意味着属于全民的存量资产的减少。又如，行政事业性收费也主要来自老百姓或企业，它们中的大部分直接就是老百姓或企业的负担。

由于存在优惠税率、减免税以及偷漏税等问题，中国名义（法定）税负确实高于实际税负。有专家估计，若税务机关能按税法要求将所有的税都收上来，那么，中国的名义税负可能会达到 50%。在比较成熟和规范的市场经济国家，优惠税率、减免税和偷漏税的情况都会比较少，因此名义税负和实际税负是比较接近的。可见，如果其他条件不变，而优惠税率、减免税和偷漏税的趋势是日益减少，中国名义税负水平与实际税负水平之间的差距也在缩小。近年来，我国税收收入持续以较高速度增长，除较快的经济增长可以给出部分解释外，还与减少优惠税率和减免税并加强税收征管有关。这就间接地证明，我国名义税负和实际税负的水平都在不断提高。这也从一个侧面表明，在我国现阶段，降低税负不仅是必要的，也是可能的。

公共经济学认为，税收是公共物品（服务）的价格，即“税收价格”。在中国当下的语境中，人们可能很难理解这种提法，这一方面与国人的纳税人义务和权利意识有关，另一方面，税收并不直接表现为人们在市场上购买商品或服务的价格。但是，只要清楚了我们所享受的公共服务实际上是因为我们作为纳税人支付了税收才得以获得的，就可以体会“税收价格”的深刻含义，也会对现代社会的税收和公共财政制度有更为深入的认识。

毋庸置疑，宏观税负水平与社会福利水平（具体表现为公共服务的提供水平）有着正相关关系。欧洲部分国家50%左右的宏观税负水平，就决定了它们是高福利国家。按照目前的大口径宏观税负水平，中国目前大致应该是一个中等福利国家。我认为，对于中国特大城市和大城市的居民而言，可能可以这么说，但对于广大农村居民而言，远未达到中等福利水平。这就说明，某一特定的宏观税负水平应大致地决定社会福利水平，即政府提供公共服务的水平。如果前者的水平距离后者较远，一方面老百姓难免会有税负过重的感受，另一方面，政府必须有针对性地查找原因，作出必要的解释和整改。

与此相关的另一个问题是，一定的宏观税负水平能够提供多少公共服务。关键还在于公共财政制度的完善和财政支出结构的改善，以及财税体制的配套改革。当前，老百姓之所以感到税负过重，与政府财政支出结构有关。财政支出过多地用于政府行政管理费用，甚至是“三公”消费，挤占了民生的支出，是目前急待解决的难点问题。与此同时，政府投资于一些基础建设项目也有利于民生，但远远不像直接投资于教育、医疗、卫生等民生领域使老百姓更能有幸福感。因此，下一步财税体制改革的重点，就是要改善财政的支出结构，处理好物质资本投资和人力资本投资、短期投资和长期投资等关系，让更多的钱直接用于提供公共服务和改善民生的项目。

当然，在既定公共资源的条件下，公共服务的提供水平最终与政府的体制、效率以及公务员队伍的素质和能力有关。因此，深化政治体制和行政管理体制的改革，加强服务型政府和公务员队伍的自身建设，也在很大程度上决定着政府提供公共服务的数量和质量。

（作者系上海交通大学安泰经济与管理学院教授）

“身份效应”在中国的经济意义/孙文凯

一、“身份认知”在我国普遍存在

当前，我国社会人群形成了不同的群体，为社会大众所公认。比如，从大的方面有“城里人”和“农村人”、“领导干部”和“群众”、“富人”和“穷人”、“体制内人员”和“体制外人员”、“男人”和“女人”等；从小的方面，不同球队的球迷、不同学校的学生、不同公司的员工也经常互相视为不同的群体。

不同的群体往往表现出截然不同的经济特征。以农民工群体为例，他们是我国户籍制度下城乡分割背景和城镇化进程中出现的一个特殊群体。已有的一些统计数据发现，农民工及其家庭既不同于传统在家乡务农的农民，也不同于拥有城市户籍的居民。针对这样一个规模庞大的群体，有几个明显的引人注目的现象：

第一个现象是这些来自农村的成年群体和家庭成员并没有将自己视为“城里人”，从而在融入城市上存在很大障碍，并且在面对城市给予的不公对待时选择沉默。一些调查显示，只有约23%流动人口从内心认可自己融入了城市，还有一些调查表明这一比例则更低。一些社会媒体反复强调“农民工”这一术语可能加深这个群体对自身独特性的认同，使其认可自身特殊的不是“城里人”的身份，在城市给以不公正对待的时候倾向于不发出抗争声音，并且在打工到一定年限后返回老家居住生活。

第二个现象是，相比于城镇居民和农村居民，农民工家庭在经济行为上与其他两类居民有明显差异。比如，农民工家庭消费率是三个群体中最低的，由于农民工总量超过2.5亿，他们的低消费是我国消费率低的重要原因。另外，从就业看，农民工就业主要在城市最低层次——收入最低和岗位最低从事体力劳动，收入相对城镇人口低，这使得长期农村和城镇收入差距难以缩小。一个重要的解释是：农民工认可自己不是“城市人”的条件，能够接受低水准的生活和工作条件。

第三个现象是农民工子女问题，一些针对跟随农民工的流动儿童调查显示，只有11. 2%的流动儿童不再认同“老家人”身份。我最近参与的一个课题，对西部几个城市进行调查，发现在城市的流动儿童学业和生活条件都远远弱于城镇居民子女，在农村留守儿童的生活条件虽然有所改善，但是学习成绩也弱于农村本地居民子女。已有一些学术研究建立了身份认同和学业表现这二者的因果关联，即认为由于缺乏在城市的身份认同使得农民工子女无法融入集体、学业表现差。由于农民工子女数量巨大，该群体人力资本积累影响未来整个中国的人力资本。

最后也是最明显的，地方政府在制定政策的时候，有明显的按不同户籍来源的人口划分制定政策的倾向，在购房、教育、社会保障等各方面制定很明晰的区别性政策。这些政策更多地依赖户籍状态，而不论相关人口已经在城市生活了多少年。

这些现象背后反映了普遍而明显的“社会身份认知”现象，即政府和城镇居民认为流动人口是“外来人”或“农民”，而农民工自己也大多数认可这一身份。并且，有可能的是，正是在这一身份认知引导下，农民工的消费和就业行为显著不同于其他群体，农民工子女（无论留守还是流动）也在学业上和生活上表现出一定不同。而这些针对农民工的现象也只是我国广泛存在的社会身份认知的一个特例，众多的社会身份效应广泛而巨大地影响着中国社会和经济表现。

二、社会身份背后的心理动机

上文中提到的这种身份认知现象是一种心理学现象。在大约20世纪70年代末被一些西方学者提出并研究讨论，英文为“Social Identity Theory”，译为社会身份理论。这个理论最初用于理解心理学上的不同群体间歧视。该理论认为一个人的社会群体成员身份和群体类别是一个人自我概念的重要组成部分，并主张人们努力地获得和维持积极的群体社会认同，从而提升自尊。这种积极的认同很大程度上来自内群体和相关外群体的比较。该理论指出社会认知由三个过程组成：社会类化、社会比较和积极区分。社会类化（categorization）是指将人进行归类，找出内群体和外群体的群别；社会比较（comparison）是指将自己所在群体和其他群体在社会地位方面进行比较；积极区分（positive distinctiveness）是指在比较的基础上找到自己群体的优势，然后与其他群体积极地进行区分，进而提升自尊水平。举一个例子，清华大学和北京大学的学生会不经意间将自己定义为“清华人”和“北大人”，之后，“清华人”会找到诸如可靠、勤奋、团结等自身群体特征优点，北大人则会找到创造、文采、自由等个性优点，互相强化自身群体优势意识，并在行为上努力表现出这些特征。当然，如果群体间差距比较明显，人们也会在分类后产生消极区分，表现出自暴自弃的行为。

不同环境可以使一个人对自己有不同的定位，比如在个人层面、家庭层面、国家层面等都会产生不同的个人所在群体定位。一个人可以有多重社会身份，在家庭内是一个家长，在公司内是一个工人，在社团内是一个领导等。社会身份虽然是个体基于社会群体感受的自我认知，是一种内在化的群组“我们”的认知，但这种认知可以被个人的固有特征识别，而非凭空想象。社会身份来自外界认可、自我评定和自我追求，如果不同来源发生冲突，那么往往会最终达到折中的妥协。一般来讲，这种身份是其所拥有的政治、经济条件决定的，但其他的很多影响因素也不可忽视。有时候，一些毫无意义但能体现组内特征的行为足以使得个体更认可组织，比如随机地给一群不认识的人发放编号，然后让他们捐钱给其他不同的人，获得相同编号的人更倾向于互相捐赠。

社会身份理论被广泛应用于流动人口能否融入社会的社会学问题分析上。近年来在我国关注这些现象的调查也越来越多。比如，一些研究发现，在伦敦的华人仍然保持着对“中国人”的身份认同并维持了相应的生活方式，并未真正融入英国主流社会；在意大利普拉托地区的中国工人也很难融入当地社会。针对上文提到的农民工现象，一些调查也发现农民工中绝大部分并不认可自己是“城市人”，从而即使在城市生活也没有改变在农村时的消费习惯，以及认可自身较低的社会身份状况。一些调查显示，仅有 11% 的在城市的“农二代”觉得自己是城市居民，这些尝试将自己定位为“城里人”的新生代农民工常常通过消费行为建构自己的城市身份认同，以区别于“农村人”，接近“城里人”。关于流动儿童社会认知也有不少调查，一般都发现城市农民工子女的团体归属感显著低于城市本地儿童，这也造成了他们的一些学校内表现如学习成绩不佳。

三、“身份”的其他经济社会效应及个体反应

“因为我是谁，所以我行动”（I act because of who I am），个体行为会受到所在群体行为特征影响。在经济研究领域，目前应用这一思想最广的是性别这一身份的影响。如一个国外学者的研究考察了性别身份认知对家庭内部夫妻间收入对比影响。他们的研究表明：如果家庭中女性收入超过男性，那么家庭更可能离婚，从而，女性宁愿降低自己可能得到的收入，以便收入低于男性。也就是说，“男人”这一社会身份理应获得比“女人”这一社会身份更高的收入，这也使得性别收入差异虽然在过去多年有所下降，但仍维持在相当高的水平，难以进一步降低。一些研究指出了这种性

别差异身份认同的形成来自多个原因，既包括从小学习中的教材内容过少表现了女性优势，也包括社会对性别在众多生活领域的偏见。

还有一些关于这种社会身份认知对人们的社会行为影响的研究或调查。比如一个调查发现，融入北京社会的外来人口经常使用甚至过度使用“北京儿话”。一个研究历史的学者发现，五四运动时期，经过新文化运动对女权主义的宣传后，改变了女性对自身身份设定的认知，一定程度上提高了女性参与社会行为的动力。

虽然一般来讲人们判断偏向于正面评价自身所在群组。但是，当弱势社群成员感觉到所属社群在声望和权势上都比不上其他社群时，为了维护自尊，他们会采用多种应对方法，其中包括模仿强势群体以图自强，辨认一些所属群体比强势群体优胜的地方，或离弃所属群体，改为认同强势群体。由于不同群体社会地位不同，在较低层级社会地位的群体中个体有动力去向更高层级群体成员转变。当群组间可以渗透时，社会竞争会在拥有相似维度的群组间展开，但在群组间地位稳定、不容易互相渗透时，这会促进个体在群体内的创新。比如“黑人是美丽的（black is beautiful）”运动是美国黑人发起的文化运动，倡导黑人的文化、传统和音乐（Tajfel and Turner，1979；Miller，1983），这正是源于“黑人”和“白人”在肤色上的不同，从而难以改变所在群组，只能依靠内部创新提高群体自尊。

四、改变“身份认知”的意义

政治身份、经济条件毫无疑问是决定个体身份认知的重要因素，但一些其他影响因素，包括制度设定、舆论引导、教育、个人意愿等等都显著影响个人身份认知，因为社会身份认知归根到底是一种心理，干预心理的做法都会有效果。那么，干预这种社会心理有何意义呢？

上文的分析实际上已经给出了答案，干预这种心理好处在于社会生活的方方面面。比如可以减少群体间对立、促进社会和谐、减少家庭内冲突、增加农民工消费和提升农民工子女学业水平，等等。在中国更关键的是，如果政府能够差别消除政策制定中先入为主的社会身份心理，不再将不同居民定位为不同群体而制定差别性政策，那么将有效促进社会和谐、城市化推进、消费率提高和中国整体人力资本培育。社会身份认知效应有时有促进竞争等好处，但更多的是不利效应，改变这种心理效应有助于降低心理负累、促进社会平等。

（作者系中国人民大学经济学院副教授）

地方知识与一般知识 / 李文溥

大学毕业留校至今已三十多年了，我一直在厦门大学讨生活。厦门地僻，我又性不好动。因而，说来惭愧，除了书本上看来的二手货，我对社会经济的感性认识，基本上来自于对厦门、闽南以至福建的有限调研以及上大学前务农做工的经验。眼界之狭隘，见识之孤陋，自不待言。不用说欧美日、亚非拉，就连陕甘青、云贵川，我也说不上个一二三四，子丑寅卯。有一回，西部某大学邀请我参加西部扶贫开发学术研讨会。轮到我发言时，我说，对于西部扶贫开发，几无所知，不能致一辞。好在福建当年也是老少边穷，就说说所知道的福建一些发展历程吧，或可比较借鉴。会议不常，有时也只能如此。但是，申请课题，发表论文，却是当今中国大学教师的命门，如果还只能说点厦门、闽南和福建的事儿，就连地方杂志也难发表啊！尽管我认识的一个美国常春藤大学发展经济学教授，多年来就只研究福建农业经济。可是，在中国却不成。在厦门大学，要是你只会说地瓜话，不用说晋职，就连饭碗也是岌岌可危的。当下学界时髦的是国际化、SSCI，开会说中国话都嫌土，CSSCI 那都是等外品，你还敢拿地方经济说事？

怎么办呢？研究不能仅靠书本知识演绎，从已知推出已知；不能从数据库里下载一堆数据，扔进 Eviews 或是自编程序跑一通，出来什么就拿什么说事；你也不能海客谈瀛洲，拿国外如此证明中国也必然如此；你也没有条件走遍全国做调查，更不用说通吃欧美日，横扫亚非拉。没有办法。还是只能利用有限条件，从调查身边的社会经济现象入手。地方调研获得的感性认识尽管不全面，但至少是所关心的中国社会经济实践的一部分。至于它多大程度上能够成为认识中国社会经济发展的典型事实，那是后话。

一、地方知识与政策咨询

记得是 1998、1999 年时，城镇化问题引起政府及学界高度关注。据说是因为有研究发现，时至世纪之交，中国的城镇人口居然只有 28%，不仅远远低于国际水平，而且大大低于同期工业化水平近10个百分点。于是，中央下文件，各地闻鸡起舞，大力推进小城镇建设。在下所在省份据说准备投资100亿，在全省建设100个小城镇。有关部门委托我们在全省调研，提供咨询。调研当然大长见识，但是，疑问却也随之而生：本省的城镇化水平果真落后于工业化吗？其二，城镇化可以人工推进吗？其三，是小城镇化还是大中城市化？第一点怀疑产生于如下思考：有工业产出，怎么可以没有干活的工业人口呢？福建工业以劳动密集型产业为主，同样的工业产出，需要更多的工业人口。工业人口不正是城镇人口吗？怎么可能人口城镇化落后于工业化呢？可是统计年鉴上的户籍人口数据明明如此！想到这里，不由地想起在晋江、石狮调研时见到的满街熙熙攘攘的来自全国各地的农民工。这数十万创造了晋江、石狮大部分工业产值的农民工，却都没有当地城市户籍。或许问题正出于此，换个统计口径算算看！我们尝试着将半年以上在城里打工的农民工也算作城市人口。计算结果令人振奋：当年福建的城市人口占比一下子提高了10个百分点以上。全国的城市人口占比也提高了6到7个百分点。[1]将这个数据与同等人均收入组的国家比较，中国的城市人口占比尽管略微偏低，但基本上还在正常值区间内。沸沸扬扬的中国人口城镇化严重滞后于工业化之说，原来是一个原有城市人口统计口径没有随着社会经济发展及时调整而产生的伪命题！第二个问题也因此有了答案：城镇化是一个自然的历史的过程，不能揠苗助长，人工推进。没有二、三产业的发展和集聚，人为造城，往往事与愿违。调研中，我们到访过闽北一个库区移民新镇。小镇迁入了大批库区移民，但是没有工业，没有服务业，周边农地更不足以为生，青壮年劳动力只好顺江而下，到福州打工去也。小镇唯余“3861部队”。相反，在晋江和石狮，当年穷得连农民出工干活都得排队轮着去的地方，如今却吸引了数十万的外地打工者。工业发展，带动了第三产业。所到之处，新城如雨后春笋，拔地而起。就连乡镇，四五星的豪华酒店也是寻常标配。城市缘工业而生，因非农产业集聚而成。制造业对规模经济、范围经济的要求，决定了没有一定的集聚规模，将无法形成有效的社会分工与产业协作关系。服务业受制于生产与消费的时空一致性，对城市规模有更高的要求。随后的统计及计量分析证明，无论是福建还是全国，城市规模越小，第三产业越不发达；哪个地区的小城市占比越高，其第三产业比重也就越低。中国的服务业占比严重偏低，重要原因之一便是长期以来抑制大中城市发展的政策导向。

[1] 随后进行的第五次全国人口普查，对城乡人口的划分标准与我们的是一样的，结果，我们的测算数据与福建省的人口普查结果仅相差0.5个百分点，与全国的人口普查结果差约2个百分点。

带着这样一份研究报告，向省委书记当面报告了我们的意见：放弃在全省遍地开花地发展小城镇的计划，侧重在福厦沿海一线工业化程度较高的地区发展大中型城市。省委书记脸色凝重，叫秘书拿来中央文件，放在鄙人面前，无言地暗示。然而，书生意气，在下依然固执己见。实地调查给了我们这样的底气！两三年后，辗转得知一位那天与会的省委领导谈及此事：看来当年听取专家的意见还是对的，不然损失可就大了。一晃十六七年，关于城市化，鄙人始终立场坚定。因为，不仅福建，而且全国，以致后来查到的世界范围近半个世纪以来的城市化发展趋势，都印证了我们当初的看法。地方知识与一般知识，如溪流与大海。

二、地方知识与基础理论研究

或曰：政策咨询，尤其是地方政策咨询，应当借重地方知识。全国问题，基础理论研究，地方知识就没有什么用了。其实未必。

二十多年来，福建一直是全国各地农民工重要流入地之一。2003年开始的"民工荒"就始于闽粤沿海地区。近十多年来，非熟练劳动力的工资不断提高。你甚至不用到企业调查，只要看一看街头的招工广告，甚至从你每次支付来家打扫卫生的钟点工工资就可以得知。农村劳动力的跨部门转移与非熟练劳动力的工资水平不断上涨同时并行，是你观察到的日常事实。久之，不免疑问：刘易斯二元经济模型说得好像不是这样的啊？当然，个别不能代替一般。地方知识也许有偏？没有。全国的数据表明，改革开放以来，除了遭遇亚洲金融危机的那几年，以农民工为代表的非熟练劳动力实际工资水平一直是上涨的。近十多年来，更是每年递增10%以上。然而，无论是从城乡人均收入还是三次产业劳动生产率的差距看，中国仍然是典型的二元经济。随着农民工的实际工资水平加快增长，人口城市化的速度也大大加快了。20世纪90年代不过年均0.98%，进入21世纪之后，速度增至1.33%。然而，2014年中国仍有45.2%的农村人口，至少还要二三十年才能基本完成人口城市化。农村劳动力跨部门转移与非熟练劳动力工资上涨长期同时并行，无论是用刘易斯拐点还是刘易斯拐点区间，都是无法解释的。

地方性事实观察引发了我们对刘易斯二元经济理论的质疑。中国的事实已是悖论，其他国家如何呢？我们计算了所能找到的六十多个国家二元经济转型阶段的实际劳动工资数据，最长的达二百多年。既包括已经完成了二元经济转型的发达国家转型阶段的数据，也包括目前正在转型中的发展中国家及地区的数据。数据显示：从较长时期看，90%以上国家和地区在二元经济转型过程中，不仅一般劳动者而且非熟练劳动者的实际工资水平都是上升的。[1]

产业革命始于英国。从1700年到1913年，英国用了两百多年的时间，实现了从传统农业国向现代工业国家的过渡。德法意等欧洲大陆国家则紧随其后，到一战前，也大体完成了工业革命。[2]在这一过程中，所有国家的实际工业工资指数都涨了一倍以上。分行业的数据进一步证明，同期非熟练劳动力的实际工资变动趋势也是如此。

尽管绝大多数发展中国家至今尚未完成二元经济转型，但是，仅就二战后到20世纪90年代的实际工业工资指数看，其劳动工资变动趋势与完成转型的发达国家在转型过程中的情况是一样的，而且增长速度大大超过了发达国家在转型期的劳动工资增长速度。[3]

东亚国家和地区的这一趋势更明显。其实际工资增速迅速上升时期往往对应着该国人均GDP迅速增长时期，如日本的20世纪50年代、韩国和我国台湾地区的20世纪70年代。期间，农业劳动力迅速流出。日本一产劳动力占比从1950年的48.3%下降至1980年的10.9%，韩国从1970年的50.8%下降至1993年的14.7%，我国台湾地区从1970年的44.2%下降至1990年的12.9%。这些成功地实现了二元经济转型的国家和地区，在其农村劳动力跨部门转移的主要阶段，非熟练劳动力的实际工资水平都与经济保持了几乎同步的增长。

对英国、日本和中国二元经济转型期的经济史分析发现[4]：农业生产率是决定农业劳动力跨部门转移的重要因素，劳动生产率是决定工资水平的基本前提，劳动力市场上劳资双方力量对比尤其是劳动者集体谈判能力的形成，是劳动生产率提高转化为工资增长的必要条件。

获得经验证据支持之后，下一步是用数理方法证伪刘易斯二元经济模型。刘易斯的不变工资假定建立在劳动力市场的局部均衡分析基础上。但是，劳动工资同时是决定社会总需求的基本变量。工资水平随着经济增长而提高，是社会扩大再生产实现的必要前提。因此，真实的工资决定，不仅取决于劳动力市场，而且取决于产品市场的实现要求。刘易斯模型中的不变工资假设，从产品市场实现的角度分析，可能导致有

[1] 只有五六个发展中国家在我们所观察时段里实际工资水平基本不涨，这并不能证明刘易斯二元经济模型可以成立。因为，它们远未完成二元经济转型。而所有完成了二元经济转型的工业国家在其转型过程中实际劳动工资水平（包括非熟练劳动力的）都大幅度地上涨了。后者就基本上证明了刘易斯模型是不成立的。

[2] 我们计算整理的欧洲工业国家超过20个。至1913年，除了英国，工业国家的一产就业占比都在30%以上。现在，即使是OECD国家，一产就业占比也只有5%。也即1913年之后较长时期里，这些国家农业劳动力向非农部门的净转移仍在进行中。

[3] 我们计算整理的发展中国家超过了40个。

[4] 中国的二元经济转型尚未完成。

效需求不足，社会再生产因此无法实现。如果如此，刘易斯模型及其基本结论也就无法成立了。于是，我们在刘易斯二元经济模型中加入了产品市场实现约束。模型推导结果显示：在封闭经济条件下，不变工资的假设将导致有效需求不足，使二元经济中“剩余劳动力”转移和现代部门扩张无法成立。劳动工资随着经济增长而逐步提高是保证经济增长的必要条件；在开放经济条件下，尽管从数学上看，出口依存度非常高的小型发展中经济存在着劳动工资长期不变的可能，但是，一旦加入实际经济的相关约束，即便是小型发展中经济体也不可能在漫长的二元经济转型过程中始终保持实际工资不变；大型发展中经济体由于其净出口占GDP比重较低，更类似于封闭经济，“刘易斯拐点”更是无法成立。

三、方言乃普通话之母

地方知识在经济学研究中的重要意义是社会科学研究的特点决定的。一般而言，科学研究以经验研究为基础。实践出真知，文理科皆然。社会科学研究与自然科学研究的最大区别是：它不能依靠实验室中可重复进行的受控实验，必须以大量、持续、长期的社会观察与社会实践为基础。社会调查与社会实践对社会科学研究的重要性，在我看来，怎么强调都不为过。它甚至是所谓实证研究如统计分析、计量经济学的研究都不可替代的。因为统计数据的正确解读本身就需要对其所代表的社会经济事实的深刻理解；计量经济学的研究只能揭示现象之间的相关关系，对于之间因果关系的认识，则尺有所短。然而，科学研究的目的正在于揭示现象之间的因果关系。大学教师，日常上课之余，能有多少时间多大财力多硬关系可以祖国大地任我行，跑遍全球搞调研呢？即使可以，偶尔为之的走马观花，蜻蜓点水式的调查，形成的掠光走影的印象与生于斯，长于斯，日日浸淫其中，长期观察、参与之后的感悟相比，哪个更能深得其中三味呢？做身边事的留心人，注意观察周边的社会现象，从成本最低的所在地区社会调查入手，充分利用地方知识，怕是任何一个研究现实社会经济问题的世界级社会科学家都必须认真进行的基本工作之一吧？当然，地方知识有局限，未必典型，甚至与一般知识相悖，需要充分利用其他知识来源来验证、校正、补充、充实它。这些年来，中国劳动力成本上涨之说可谓不绝于耳。在福建，你到哪里调研，都可以听到老板和官员们的吐槽抱怨。令人奇怪的是，一边喋喋不休地吐槽抱怨，一边却努力设法招工，甚至不惜开出不菲的中介费，这是怎么回事呢？研究产生于疑问。经过计算，真相大白：至少在我们所研究的时段（1999–2012年）里，由于制造业劳动生产率的增长大大高于工资增长，实际劳动工资的较快上涨并没有提高我国以致福建的制造业甚至劳动密集型产业的单位劳动成本（ULC）[1]，它使我国制造业的国际竞争力和平均利润率在劳动工资较快提高的同时依然保持了上升态势。这就提醒我们：眼见未必为实——想想也就明白了：追逐利润最大化的老板和全力招商引资的官员的吐槽抱怨是利益使然，他们在这个问题上能与农民工的利益一致吗？又有几个调研者能接触到流水线上的农民工？舆论因此一边倒——必须充分利用其他知识来源来验证、校正、补充、充实它。

地方知识对于任何国家的社会科学家都是重要的知识来源。对于今天正力图走向世界的中国社会科学家，它不仅是重要的知识来源，更是其走向世界的立身之本，是其能对世界社会科学发展做出贡献的沃土。因为，世界社会科学的发展来自于不同国家和地区社会科学家对其各自地方知识的抽象和升华。方言尽管南腔北调，语音驳杂，但却是普通话之母。

一生将自己的创作扎根于故乡——威塞克斯郡的哈代，对其乡土作家的身份是颇为自傲的：“一般完全还原到特殊——这是一切伟大诗歌的共同特征。”那么，一切伟大的社会科学呢？

（作者系厦门大学经济学院、经济研究所教授）

[1]ULC(the unite labor cost)是国际劳工组织衡量劳动力成本的通用指标，也是劳动力成本的真实概念。

年底帮交通部理理财 / 沈 凌

2014 年 12 月 23 日，交通部公开了 2013 年全国收费公路的账本。这是一个好事情，无论如何都是进步，值得表扬。因为原来我们都不知道政府收了那么多买路钱都去干了些什么，现在总算知道了：10 元过路费里面有 8.62 元用于还债，而且还不够！显然公路收费并不是一本万利，而是入不敷出！于是交通部酝酿着延长收费时间，誓言一定要把收费公路进行到底！而且还有专家出来说：想通过燃油税的办法来取消收费站，门都没有！因为那至少要把油价涨到二十多元，谁受得了？

我的老天，如果这是个大户人家里管账的，我们是不是应该炒了他的鱿鱼？怎么能把账本管成这个样子呢？无奈交通部是老爷，并非管家，想炒人家鱿鱼是不可能的，只能够动员全国人民一起想办法，帮助交通部把这个账本理理顺，还不知道人家领情不领情！

非高速公路收费可休矣

对于交通部的账本，我们首先发现有很多信息是空缺的。当然，这绝不是说交通部有意糊弄咱们。实际上，通过数字之间的加减乘除，还是很能够推论出一些未曾公布的信息的，所以我相信，交通部无非是相信大家九年制义务教育都合格罢了。

我们先把全部的收费公路分为两类：高速公路和非高速公路。交通部通报了总数和高速公路的数字，所以我们通过减法就能很容易算出来非高速公路的数目。这时我们可以发现，高速公路 736 个收费站管理了将近 10 万千米的收费工作，而非高速公路 992 个收费站才管理了将近 5 万千米的收费。这个效率相差的可不是一点点。所以，我们运用除法计算出了每个收费站的管理千米数，用来描述管理工作的效率：非高速 57 千米 PK 高速 136 千米，高速公路完胜！

为啥我们要那么纠结于这个管理效率呢？因为这个“管理”工作不是别的，还不就是为了收取过路费。也就是说，这个是收过路费的成本。看起来，我们如果想省钱的话，应该考虑放弃非高速公路的收费，因为他们的效率太低，而成本又太高了。

那么，这个成本到底有多高呢？交通部报告了全部的管理费（含其他费用），一共是561亿元，分摊到每个收费站就是3，247万元。以此简单推算（可能不准确，因为高速收费站或许比非高速的成本高一些）：非高速的收费站总成本是322亿元，而高速收费成本总的只有239亿元。

交通部花费了322亿元去收费，那么能够收到多少过路费呢？交通部的公告说：2013年总计收了3，652亿元的过路费，其中高速公路收了3，316亿元，不难看出，非高速的过路费收入只有336亿元。也就是说，过路费减去收取过路费的管理成本，真正能够收到手的非高速公路过路费仅仅只有14亿元！这个钱连养护费用都不够（交通部的公告，全部养护费是390亿元），又如何能去偿还债务的本金和利息呢？

所以，用收取过路费的办法来经营非高速公路已经彻底失败了。现在我们的非高速公路还有3，022亿元的债务余额，只是全国收费公路债务余额的10%都不到，如果我们能够用燃油税的办法来还掉这个非高速公路的债务余额，只需要用一年的汽柴油燃油税就够了。因为我们全国全年消费汽柴油合计大约2亿吨，也就是2，700亿升左右，而现在的汽油燃油税是1.4元，柴油是1.1升，平均每升1.25元。这么算起来应该是3，375亿元。而2014年11–12月间，我们政府已经两次上调燃油税，合计上涨40%。把这个已经上涨了的燃油税水平保持3年，那么多收的钱就已经足以支付全部的非高速公路债务余额了！我们又何必继续保持这992个收费站呢？

如果我们继续这样的方式收费还债，不砍掉这些代价高昂的收费站，不用燃油税去偿还掉这3，022亿元的债务余额，那么我们每年不仅要支付336亿元的过路费，还会增加我们的债务136亿元（150亿元的利息减去14亿元的结余），这样欠债越来越多，恐怕交通部的老爷也很是头疼吧？

所以，至少是非高速公路这一块，收费不足以还债的解决办法并非是延长收费年限，而是取消收费。

公路收费是一本怎样的亏本账？

首先，我想在这里帮交通部厘清一个概念：亏本还是盈利。一个项目总投资100万，每年能够盈利10万，这样还本需要10年。这其中的盈利，应该是扣掉了每年所必须归还的债务利息，但却不能包含每年的还本额。很简单的道理，如果每年的还本额也计算到成本里面去的话，除非你能够当年就还清总投资的100万，否则你想说亏本就亏本，想说盈利就盈利，因为这完全取决于你当年归还本金的多少。

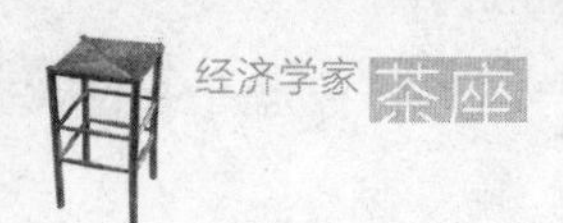

所以，从这个角度讲，所谓的亏损661亿元是不靠谱的说法，因为其中已经包含了归还本金的1，440亿元。如果不包含归还本金，2013年交通部总的盈利是779亿元，并无亏损。而且，既然你只能产生正的现金流779亿元，那么你也顶多能够还本金779亿元，又如何能还出1，440亿元来呢？

交通部其实可以这样说，才能够符合逻辑：每年的盈利779亿元实在太少了，因为债务余额是34，308亿元，按照这样的盈利去还本，那么需要44年，而按我们的现行政策，收费年限远远不到44年，所以交通部才希望能够延长收费年限。

但是每年的盈利不够还本，是不是只有多收费这一条路呢？很显然，如果交通部部长是一个企业家的话，他不会这样想，因为想盈利至少有两条道：提高收费和减少成本。企业家面对的是市场约束，价格并不是想提高就提高的，但是交通部长就不一样，或许他没有这样硬性的约束，所以柿子总是捡软的捏，他对提高收费的冲动要比企业家大得多。

实际上，如果不控制成本，任何收费都会是入不敷出的。

按照交通部的公告：全部的管理费（含其他）分摊到每个收费站就是3，247万元。我们假设这收费站有6个通道，每个通道三班倒一天需要3个人，加上轮休的，顶多30个人吧！那么，每个人的年均收入加办公费用需要108万！！嗯，这个至少比大学教授强多了。因为有统计数据表明，大学教授的人均工资是大约15万，而且还做不到人均一间办公室，所以办公费用估计也不会多到哪里去。怪不得现在到高速公路上去收费已经成了博士毕业生的最佳工作选择。

为了控制成本，交通部至少可以有这么几个选择：第一，按照上面的说法，关了全部的非高速收费站。第二，把全部的高速收费站承包出去，谁的营运成本低就交给谁。我相信，这个管理费加其他，至少可以省下一大半。就算是一半，也有120亿元。第三，我们可以考虑在全国范围内推广电子收费，既可以增加通行速度，也能节约收费成本。只要这个电子收费系统每年的运营费用低于120亿元就是合算的。至于这个系统交给谁，至少不应该是12306吧？

高速公路应该继续收费吗？

除去了非高速公路这个部分，我们发现，高速公路的营运状况并不那么糟糕。债务余额31，286亿元，每年能够产生的正向现金流3，316亿元，即使扣除了养护费390亿元（这是交通部公告内的养护费总数，不知道高速公路占了多大的比例，暂且全部计入），再扣除我们刚才假设的节约了以后的管理费120亿元，每年盈利应该在2，800亿元左右。其中还息1，500亿元，还本1，300亿元，需要24年不到，应该也还在目前的收费年限之内。

但是，我倒是觉得，高速公路收费可以是一个新常态，并非如一些公众舆论所呼吁的，越早取消越好。

因为首先，高速公路基本上是封闭运行的。所以，收费导致的通行效率的下降是很有限的，这个和非高速公路完全不一样。实际上，我们在运用“公路”这个名词的时候，就已经假设了路必须是“公”，原因呢？在当时发明这个名词的时候，路的确是开放式的，人人一出门就上了路，所以，如果要求对使用者收费，通行效率会大打折扣。而现在，高速公路完全颠覆了“路必须是公共的”这样一个原始的概念。高速公路的封闭性，实际上就是一个“私路”，所以它更加适合“对使用者收费”这个合理的原则。

其次，高速公路并非必需品。能够通过高速公路到达的地方，都是非高速也能到达的。所以，高速公路好比是五星级酒店和裘皮大衣，并不是社会救助者应该得到的。我们一旦取消了高速公路收费，实际上就是让全体纳税人为少数使用高速公路的人买单。这当然不是不可以，只不过并不那么合理，也不那么迫切。

很多人总是拿外国说事儿，觉得在美国、德国、澳大利亚，人家的高速公路都是免费的啊！这种争辩我向来不屑一驳，因为这其间没有什么合理的逻辑。对比大人和小孩，男生和女生，有啥可比的？更何况，你去了那些发达国家过一阵，就会发现，人家现在也开始向中国学习了。美国有好多条“私路”，德国现在也开始对货车上高速收费，一句话：高速公路还是私路，是咱们自己的事儿，想清楚是可以的，武断的攀比就没啥必要了。

公路收费还有一笔账外账

说中国的公路收费，仅仅按照交通部的这本账其实是不够的。因为现在的收费还有一块儿是不容忽视的：燃油税。当然，这就需要交通部和财政部合署办公了。

现在全国全年消费汽柴油合计大约2亿吨，也就是2，700亿升左右，而现在的汽油燃油税是1.4元，柴油是1.1升，平均每升1.25元。这么算起来应该是3，375亿元。这个数字和交通部报告的全年过路费总额3，652亿元差不多。除此之外，还有车船税，小轿车每年360元，全国的机动车有差不多3亿辆，所以这个数字大约也是在1，000

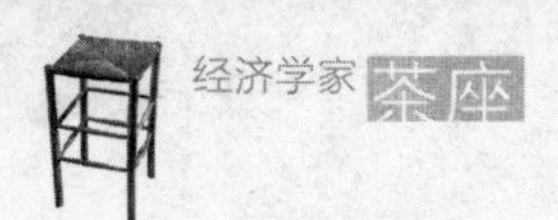

亿元。如此合计，全部的公路使用费是 8，000 亿元左右，交通部的报告只是一小部分罢了。既然交通部都报告了，财政部是不是也应该报告一下？

2014 年 11-12 月间，我们政府已经两次上调燃油税，合计上涨 40%。未来的石油价格很有可能在较长一段时间内都维持在低位，如果我们不上调燃油税，那么低廉的汽油价格无疑会鼓励汽车消费，增加污染，不利于环境保护。如果我们进一步上调燃油税，把这个钱拿来尽早偿还高速公路的债务，不仅能够减少环境污染，还能增加经济运行的效率。

假如现在水平的燃油税收入刚刚好用来支付现有不收费公路的养护费用的话，那么我们从 2015 年起再次提高的燃油税应该可以被用于偿还收费公路的负债了吧？34，308 亿元的债务余额，如果要求十年等本息还款的，每个月需要支付 368 亿元，每年也就是 4，400 亿元，分摊到油价上应该征收 1.63 元。而这也不是不可能，无非是把中国的油价重新回到“8 时代”罢了，和重税的欧盟比，我们的油价还低得很。而这样在低油价时代通过燃油税尽快还清公路贷款的办法，可以为将来的高油价时代省下一笔不小的开支，何乐而不为呢？

（作者系德国波恩大学经济学博士，华东理工大学商学院副教授）

诱人的“免费果子”好吃吗？

——从高速路的“公与私”说起／孟　昌

一、“免费的午餐”不免费！

“天下没有免费的午餐”！这大概是经济学里最重要的“公理”了。但总想免费消费，可能是人的天性。比起那些动辄呼吁这免费那免费的“热心”经济学家，严肃而负责任的经济学家因为常常告诫人们不存在免费的午餐而惹人讨厌。诺贝尔经济学奖获得者弗里德曼就是这样一位“惹人生厌”的经济学家。

弗里德曼有句名言：在通往地狱的路上充满了美好的意愿。不论在私有制的市场经济国家，还是曾经公有制的计划经济国家，免费的诱惑就像伊甸园里的善恶果子一样，让人垂涎欲滴，欲罢不能，以至于在人类的某些阶段，某些群体因抵不住诱惑，而一次次地铸成大错。

近几年，国内关于免费医疗乃至免费高速公路的公共话题就异常热闹。美国和德国的国民可以免费使用绝大部分高速路，英国和俄罗斯有免费医疗，朝鲜甚至还提供免费住房。这些免费的“社会主义制度”已然是中国经济“过度市场化”的反面写照。国人现在渴望免费，几乎已经忘记了社会主义计划经济时代一切因近乎“免费”的分配制度导致的严重供给短缺，排队成了计划经济时代人们生活必不可少的一部分。

英文中，“free”一词还有“自由”的意思。免费品，顾名思义，是可以自由取用而不必付费的产品。经济学讲的免费品大致有两类：一类是不用付出任何成本且一个人使用不影响另一个人使用的物品，如空气。这类物品因为不稀缺而自由免费使用，一般不是经济学研究的对象。经济学研究的是成本大于零的产品或稀缺品。在成本大于零的“产品”中，有一类所谓的“免费”品，如美国和德国的高速公路，几乎所有国家的中小学教育，有些国家的医疗服务，这些都是生产成本大于零而消费或使用的价格很低或为零的产品或服务。按理说，只要生产成本大于零，价格当然应该大于零，付费使用就是天经地义的事情。那么，这类产品或服务为什么也会有免费使用的情况呢？

二、为什么美国和德国的高速路是“公”路？

就拿中国人津津乐道的德国和美国的免费高速路来说吧！美国和德国是两个市场经济国家，尤其是美国，常常是“左”翼人士批评的市场无处不在的典型资本主义经济，怎么会有如此的“社会主义制度”呢？

经济学讲的一个基本公平原则是“谁使用谁付费”。德国虽然是私有制的资本主义国家（其实很多欧洲人包括德国人，自认为他们是社会主义国家），但却是贫富差距并不是很大的发达国家。德国的穷人一般也有能力买车，德国是一个几乎家家有能力买车的国家。在这一点上，美国和德国差不多。由于税收和社会福利制度的差异，美国的贫富实际差距比德国要大，穷人的比例会更高些，但美国穷人一般也是可以买得起车的，美国穷人有个更好的条件是，作为汽车最主要消耗品的汽油比德国便宜不少。在德国和美国，汽车是工作和生活必需品。

一旦某类产品或者服务作为公共品来提供，或者这类产品或服务是否要作为公共品来提供，在民主政治中，就要通过民主选择程序来决定。在一个家家都可以买车用车和需要买车用车的国家里，高速路免费使用，自然是个相对公平的普惠举措。把高速路作为“公共物品”来生产和使用，成为“公”路，在公共决策上不会遭到太强烈的反对。

在高速路出现之前，美国有许多地方的路是在政府特许下由私人投资建设的。由于政府特许中规定了很多免费使用的例外情况，加上普通公路很大程度上难以“排他”，运营成本也很高，修“私路”基本上是个赔本儿的买卖，大部分路亏损运营。后来，投资运营者将其主动移交给公共管理部门而变成了名副其实的免费使用的“公“路。倒是高速路在技术上因全封闭，“留下买路钱”才可以上路，更容易做到“排他”。但高速路大规模建设的时代，美国早就变成了汽车普及率极高的“轮子上的国家”，具备了把高速路变成高速“公”路的条件——用纳税人的钱修路，纳税人都能享用。大致符合“谁使用谁付费”的原则。

三、中国：上高速路“留下买路钱”是相对公平的市场交易

私家车在中国依然是富裕的标志，并不是家家都有的必需品，要是把中国有私家车的人理解为“穷人”，恐怕没有多少人同意。

从生产看，修建高速路要付出巨额成本，而且是不可逆的专用性的沉没投资。维

护和管理高速路还要付出额外成本，当然还有伴随收费而来的“影子成本”。生产运营上并不存在“免费”。高速路建好了“收取使用费”，与政府收了税费来建高速公路供“免费使用”，在经济上是基本等价的，所谓“羊毛出在羊身上”：如果高速路不收费，政府就必须收额外的税来修建和维护高速路。这笔支出是无论如何也免不掉的，至多存在结构性的“免费”，即使用高速路少的人给了使用多的人“补贴”。与中国不同的是，在德国和美国，高速路的建设运营成本加上收费带来的“影子成本”，恐怕会远高于政府直接用纳税人的钱生产高速公路供国民使用的成本。

平心而论，中国高速路收费上路，是相对公平的市场行为。只有一部分家庭有私车的情况下，高速路由政府直接收税来生产，免费供给使用，显然有劫贫济富之嫌。在德国和美国，高速路“收不收费”，其决策很大程度上是个影子成本的核算问题——用哪种方式，社会付出的总成本更低；其次可能才是个公平问题——是否是大多数人都使用的普惠品。而在中国，这首先是个社会公平问题——是国民普遍使用的产品吗？其次才是个成本核算尤其是影子成本的核算问题。高速路是“公”还是“私”，显然应该与国家经济发达程度所伴随的私家车普及率有关系。

而且，中国曾经作为一个资本极为稀缺的穷国，高速路增长如此之快，远快于绝大部分工业化国家和发展中国家，主要是因为融资模式，中国充分利用了高速路的“可排他性”特点，通过特许等方法，从资本市场获得了巨额投资。没有这些以赢利为目的资本进入，恐怕中国没有今天如此发达的高速路网。

四、在拥挤的城市里“开车畅行”是奢侈品

中国大城市的很多有车人，一方面抱怨堵车严重，另一方面反对提高停车费等能减少汽车使用的“价格调节”，不愿意为自己“畅行”付费。其实，这是想用一个普通品的价格买到奢侈品的心态。在诸如北京、上海这种人口密度极高的大城市里，要开车上班，从郊区开到市中心，一路畅通而且还能停得起车，这分明是“奢侈品”嘛！伦敦人、香港人和东京人估计能理解这是地地道道的奢侈品——要么乖乖地付高额的费用享受这份儿奢侈，炫耀这份任性与自在；要么，老老实实地去坐公交、地铁或骑自行车，把这个奢侈品留给那些有钱人和堵车机会成本高的人去消费，把他们为奢侈行为付出的代价定向转移到公共交通的建设与维护上，不是挺好的互利交易吗？但是，这要让咱们很多有车而缺乏市场契约观念的人理解这个道理，就比较麻烦。在不收取拥堵费的情况下，开奔驰宝马的与开吉利奥拓的，以相同的低价格甚至零价格，消费

着无差别的低质量产品——拥挤不堪的道路。其实是既伤害了富人福利，也没有增进甚至损害了穷人福利。开宝马的老总着急去投标，但宝马却像蜗牛一样爬行，耽误了生意，那不就是低价格使用道路的代价吗？据说里约热内卢的有钱商人常常用私人直升机解决市内交通过于拥堵的问题！而人口密度更大的东京就没有这个问题，因为发达且价格极低（相对于开车出行的成本）的公共交通，改变了人们的行为。

国人观念里对"商品"的理解不能与市场经济俱进，可能也是常常诉诸免费的原因。对于汽车，习惯于关注它作为工业产品能否买得起的一面，而没有理解与它互补的各种服务品也是商品延伸的一部分。去年央视质疑星巴克的拿铁咖啡价格太高而损害了消费者利益，就引起了热议。其实，你在星巴克喝的是咖啡，消费的却是服务。为服务付费不应该吗？星巴克所在的城市，劳动力成本和房屋租金往往很高，为高成本的服务和租金付高价格理所当然。我们总不能坐在星巴克里说我买咖啡不买服务吧！那你最好还是去超市买咖啡，自己给自己服务好了。对于咖啡店而言，不同价格能把不同档次的服务区别开来。只要消费者有"用手投票"和"用脚投票"的权利——把钱花到其他咖啡店的选择权，就不要去管价格。管什么呢？管咖啡店之间是否有价格串谋的行为，管某些政府部门是否设置了经营咖啡店的市场壁垒。

北京这样的大城市，汽车以很低价格使用公共资源的情况，基本上是把一个奢侈品定了个低端品的价格。渴望把西兰花定白菜价儿，排队抢购就不要抱怨了！

五、"公共"资源总是应该免费使用吗？

反对收取拥堵费的最大理由可能是，汽车使用的路面和车场等都是公共资源。"公共资源就应该大家都能免费使用"总是合理的吗？恰恰是公共资源，必要时才应该收费。因为，在一个人口密集的城市里，你使用这个公共资源已经影响到了别人同样具有的权利了。公共资源是大家都有平等使用权利的资源，不应理解为不收费资源。若一部分人常常用，而另一部分人根本没有机会用，或者一部分人使用导致了另一部分人无法使用，就有必要给不使用者和少使用者以补偿了。通过政府来间接转移是个好方法。当消费公共资源过于拥挤时，就应该界定权利，制定差别价格。这可能也是加拿大的城市用车收费极低的原因。在家家有车而人口密度小的城市，你用车基本不太影响他人用车的情况下，用价格来调节公共资源使用的必要性就不那么强烈了。而在纽约、东京和北京，正好相反，价格应该发挥它调节公共资源公平且有效率使用的功能。实际上，如公立博物馆、图书馆、公园、动物园和美术馆等资源，若大家都有机会使用且并不拥挤，免费开放是应该的。如果很拥挤，政府应该增加供给。若财政能力不能使供给增加到不拥挤的程度，价格机制也未尝不可使用。尤其可以根据情况，使用差别定价（不同群体制定不同价格）、高峰负荷定价（不同时段制定不同价格）等方法，让公共资源尽量发挥其最大作用，高效使用财政资金，对纳税人负责。比如，向高峰期使用者收费，给低峰时段使用者低价格、零价格（免费）甚至负价格（补偿），以换取他们给那些时间弹性低的使用者让出高峰期。其实，这是个对谁都有好处的措施。价格真是个好东西！这个“免费资源”该用时不用，可就是浪费“资源”了！

若为了解决交通拥堵，制定政策或法律来限制某个群体购车，比如，中国有些城市搞的限制购车上牌的政策，那就是既不公正，也严重损害价格机制和契约自由原则的反市场经济行为。这不是一个公共选择。

六、免费的果子诱人，味道未必好！

免费的果子虽然诱人，未必人人可以吃得到，味道也不一定好！哪怕能生产出来，免费品的分配却是最麻烦的。因为没了价格，货币就没了用处，分配果子必须借助市场以外的强制力，“果子票”（还有抓阄、抽签、摇号等）就这样诞生了，找关系、走后门，黑市交易，必然是免费果子的孪生兄弟。在这种非价格非市场的分配机制下，人们在社会中的权力地位往往决定了得到免费果子的质量和数量，争权的激励会大过挣钱的激励，经济就失去了增长繁荣的原始动力。免费的直接结果除了生产的激励不足而导致供给短缺，要命的是还易引起资源浪费甚至权力寻租和腐败行为。

普遍的“免费”不可行，甚至是灾难性的。除了类似初等基础教育、公用事业、普惠的产品、没有排他性而无法收费的产品。能通过价格来配置和调节的产品，还是尽量用价格。价格机制是所有经济调节机制里运行成本最低的“好东西”。如果价格机制让一部分人生活窘迫到社会道德不能容忍的地步，对他们的补贴和救助也应该尽量采取不损害价格机制的方式，比如弗里德曼提出的负所得税和教育券计划，就是既不伤害价格机制又能兼顾道义的救济机制。说“天下没有免费午餐”的经济学家并非冷冰冰的学者，只是他们主张在“市场优先，效率至上”的原则下尽量把蛋糕先做大。若免费制度导致蛋糕越来越小，弱势群体恐怕是首当其冲的受害者，主张免费的经济学家无论如何热心肠，分给穷人的蛋糕都会越来越少，何尝不是一种“成事不足而败事有余”的伪善！

（作者系北京工商大学经济学院教授，经济学博士）

如果市场是路，那堵车了怎么办？

——浅谈政府与市场的关系 / 席建成

政府与市场的关系是一个古老的话题。自从经济学诞生之日起，“看不见的手”与“捆住市场的手[1]”之争就从未停止过，甚至可以说，一部经济学的发展史就是政府与市场关系互动融合、若即若离的演化史。

一、经济思想史中的政府与市场

追溯到古希腊时代，先哲们从不相信追求自利的个人能够有助于创造一个公正和谐的世界。在他们看来，商业的繁荣带来的是人们的投机和人心的浮动以及随之而来的社会不稳定，即使在最好的情况下，商业活动也只是人们为了满足物质需要而不得不承受的“必要之恶”。因此，政府理应对市场加以控制，驯服市场驱动的自利行为，在一定程度上，管理市场应该是政府最为重要的职能（托德·劳里，1987）。

时间回到 18 世纪 30 年代的英国和法国，那是政府推动经济发展的黄金时代，为了促进经济增长和巩固国家权力，获取足够的国库收入，政府通过促进商品的出口换回黄金和白银，并通过保护国内的产业免于国际市场上的竞争，以维护国家利益，增强综合国力。因为黄金白银与军事力量和殖民地的获得密切相关，三者相互促进，共同成就“日不落帝国”的霸业。

在亚当·斯密那里，将其称为重商主义时代。

直到 1976 年，亚当·斯密的《国富论》问世，“看不见的手”所阐述的自由市场才第一次为商业行为的“必要之恶”洗刷了罪名。市场不仅不会造就人心的浮动和社会的不稳定，反而能够让自利的个人在追求自身利益的同时实现社会的最优，而国家对于市场运作的干预，必然害处大于益处。不过亚当·斯密也承认，能和利己行为一起发挥作用的恰当的政策，也能够促进国家财富的增长（梅德玛，2014），但什么是

[1] 出自斯蒂夫·G. 梅德玛著：《捆住市场的手——如何驯服利己主义》，中央编译出版社 2014 年版。

适当的政策，又如何能够妨碍政府这只掠夺之手[1]呢？

随后，政府与市场的关系似乎有了定论，围绕着“看不见的手”发展的古典经济学、新古典经济学占据了经济学思想史将近200年，直至伴随着大萧条而来的“凯恩斯经济学”横空出世。在“罗斯福新政”拯救美国经济的同时，政府与市场的关系仿佛走到了另一个极端，政府通过大量投资，修路架桥、推动基础设施建设，既提供了短期的工作岗位，又为长期经济增长奠定了基础。政府越来越自信能够利用“三驾马车”平抑经济波动，维护宏观经济稳定，并且在促进经济增长方面也大有作为。

秉承奥地利学派的哈耶克是坚定的自由市场主义者，他针对计划经济全知全能的政府，尖锐地指出，他毫不怀疑政府发展经济的良好愿望，他怀疑的是政府如何能够实现他的目标，如何收集、处理隐藏在每个个体之中的大量的分散信息。良好的动机无法掩盖政府“致命的自负”的本质。

认识到市场存在信息不对称的缺陷是2001年诺贝尔奖获得者斯蒂格利兹的主要贡献，但与哈耶克不同的是，斯蒂格利兹似乎并没有特别反对政府对经济活动的干预。事实上，斯蒂格利兹恰是在当前与罗德里克、林毅夫、张夏准等人一起支持产业政策的代表性人物。尤其在2008年金融危机发生以后，政府与市场的关系又发生了微妙的变化，反对者没有那么坚持，基本认同了市场存在着信息外部性和协调失灵的缺陷；支持者也充分坚信市场的作用，并承认政府不一定比市场高明，也会存在政府失灵，并可能导致腐败和寻租。

二、经济发展史中的政府与市场

尽管发达国家不愿意正视，剑桥大学的张夏准教授还是坚决地撕下了所谓后工业化国家“自由市场”的面纱。当西方发达国家高举“华盛顿共识”的发展良方，向发展中国家推销其发展政策之时，他们可能已经完全忘记了已被资本主义“官方经济学家”改造过的自身经济发展史。正如张夏准（2008，2010，2014）教授所指出的，几乎当今所有的富裕国家在其发展历史上都曾使用关税和政府补贴来发展它们的工业[2]。在英国，从第一任首相罗伯特·沃波尔于1721年推动贸易政策改革到大约1860实行自由贸易政策之间，带有操纵性的贸易政策和工业政策是其发展工业的主要措施，以至于德国经济学家、“幼稚工业保护之父”李斯特指出，英国向诸如德国和

[1] 安德烈·施莱弗·罗伯特·维什尼：《掠夺之手：政府病及其治疗》，中信出版社2004年版。
[2] 张夏准：《富国陷阱：发达国家为何踢开梯子？》，社会科学文献出版社2008年版。

美国这样的欠发达国家推销自由贸易，犹如已经攀登到顶端的某个人试图“踢掉梯子”一样[1]；在美国，面对英国人向他推销“自由贸易政策”的发展良方，时任总统[2]回应道：“在 200 年之后，当美国通过保护能够获得自己的产品时，她也将采行自由贸易。”甚至在以“小型开放经济”样本著称的瑞典，也曾战略性地使用关税、补贴、卡特尔和对研究与开发活动的国家支持来发展其关键性产业，特别是对纺织、钢铁等产业的支持[3]。西方发达经济体的发展史充分表明：新古典经济学推崇的自由市场与其说是经济发展的原因，更不如看作是经济发展到一定阶段的结果。

以“华盛顿共识”指导下的拉丁美洲国家和东欧国家，在目前看来，毫无疑问陷入了失败的泥潭。一些国家成为研究中等收入陷阱的典型，而另一些国家政局动荡、经济发展徘徊不前，更有甚者，因经历了从“相对富裕”向“相对贫穷”令人迷惑不解的倒退，而成为一些学者（艾伦·泰勒，2014）研究经济反转难得的样本。

而20世纪60年代的日本、20世纪80年代的东亚四小龙（韩国、中国台湾、中国香港、新加坡）因其成功实现了工业化而迈入了发达国家（经济体）俱乐部。总结其成功原因，一些经济学家（约翰孙，1980；阿姆斯登，1989；韦德，1990）认为：它们的强势政府对经济的普遍干预弥补了发展时期普遍存在的市场失灵缺陷，促进了产业的繁荣，离开了政府的干预，这些都将难以实现[4]。另一些学者则坚持认为，东亚经济的成功在于其稳定的宏观经济，政府对特定产业的干预或者不起作用，或者更糟糕。关于东亚经济奇迹中政府作用至今仍无定论，但至少说明了一点，东亚经济的发展没有离开政府干预的身影。

中国的经济发展，更是始终未脱离政府的干预。无论是洋务运动的早期工业化，还是国民政府时期民族工业、官僚资本主义的发展，直到政府全面接管经济的计划经济时代，以及后来的改革开放，经济发展背后的主导力量始终是政府。虽然政权在更迭，政府在变换，但在几乎每一个重要阶段，政府都以远远凌驾于市场规律的力量，影响或主导了中国工业化的方式和方向，塑造了中国工业化的道路（伍晓鹰，2014）。

进入 21 世纪，金融危机的爆发不仅促使西方经济学家反思自由市场经济体制的内

---

[1] 张夏准：《踢掉梯子：新自由主义怎样改写了经济政策史》，《制度与演化经济学现代文选》，高等教育出版社 2005 年版。

[2] 尤利塞斯·格兰特，美国第 18 任总统，任期为 1868 年到 1876 年。

[3] 张夏准：《踢掉梯子：新自由主义怎样改写了经济政策史》，载《制度与演化经济学现代文选》，高等教育出版社 2005 年版。

[4] 青木昌彦等著：《政府在东亚经济发展中的作用：比较制度分析》，中国经济出版社 1998 年版。

在缺陷[1]，也在实践层面使得发达国家政府开始向凯恩斯主义回归。发达国家不仅在"特殊时刻"采取7，000亿美元的救市政策，还投入大量经费用于对基础研究和重大科技项目的支持，甚至在以促进自由贸易为宗旨的世贸规则中，都包含着西方话语权体系下的产业保护条款[2]。

事实表明：政府对于经济发展的作用，因历史不能假设可能会永远争论下去。但各国的经济发展史从来未曾离开政府的干预，这绝不是偶然。

三、未来的选择：车与路的隐喻

格申克龙（1962）将政府推动工业化的努力视为"落后国家"政府的首要责任。越是落后的国家，在确立社会发展目标时越是关注与落后相关的经济发展问题。但是落后国家，往往要素禀赋约束、制度约束越大，发展的压力也就越大，从而越需要一个强大的政府去缓解发展的紧约束，用政策弥补制度的不足，进而实现经济的增长。这种"政府通过对资源的再配置来促进特定产业发展"的措施，通常称为产业政策。另外，只要需要国家实体，国防、安全、外交就不可或缺，政府也就应运而生，税收、公共服务支出随之而来，谓之财政政策；有货币就需要中央银行，中央银行存在，也就不得不考虑发行多少货币、市场中保留多少货币、货币在国内和国外的价格如何确定，谓之货币政策。

既然财政政策、货币政策、产业政策与政府相伴相生，那么政府对经济活动的干预就不是应该不应该的问题，而是怎么做能够保证干预效果最好、负面作用最小的问题。用一个不太恰当的比喻形容，假设市场是各种类型的路，高速公路、省道、乡村路是一个个不同的市场，追求自利动机的企业和消费者是一辆辆汽车。汽车追求的是速度，也就是花尽量少的时间到达目的地。那么，汽车的最优选择必定是哪条道路车少、不收费、速度快便往哪条道路上走，从选择高速公路、省道、乡村路以及在每一条路上选择不同的车道，汽车遵循的"速度套利法则"，胡乱变道和随意穿插便是明证。

车有了，过的车多了形成了路，能够顺利运行下去吗？首先想到的是，如果没有交通秩序，四面八方的车辆齐聚交叉路口，必然是死结，没有秩序必然导致市场死去。

[1] 2014年，经济学专著《21世纪资本论》成为全球的畅销书。在书中，作者皮克迪指出，资本主义由于内在的"资本累计机制"和代际继承，使得贫富差距不断扩大，如果不在税收等方面进行改革，终将危及资本主义国家的未来发展。

[2]《世贸规则与产业保护》（韩立余，2014）一书中，对世贸规则中的产业保护、美国外贸制度中产业保护等有详细研究。

政府理应为市场提供一套交通规则，这是政府的作用之一；有了红绿灯，车就一定能遵守吗？发生了交通事故怎么办，一些车不按照交通规则行驶怎么办？政府需要维持秩序，处理事故，维护市场的运行，这是政府的作用之二；几条回家的路，部分车水马龙，部分畅通无阻，车开到路上自己怎么会知道另一条道路的车是多是少，路是堵是疏？其实只要一个交通广播即可解决问题，称之为市场中的协调问题，这是政府的作用之三；通往幽静之地的路是否好走，是否荆棘丛生，需要先行车探路，谁会去？哪一辆车愿意充当先行者？如果没有相应的机制弥补先行者可能的损失和为先行者提供开路的激励，彼处可能永远是幽静之地，这种解决信息外部性的机制应由政府提供，即为政府的作用之四；路太烂，行车太难，当然应该修路，前方有山阻隔、后方有水流淌，需要隧道、需要桥梁，这是政府的作用之五，谓之提供基础设施建设。

欠发达国家的车辆在不停地增长，路还需要大量的建设；幽静之地随处可见，需要先行车去探索；甚至基本的交通秩序都不健全，无法可依、执法不力。就此而言，发展中国家的经济发展怎么能缺少政府！如果有一天，所有的路都是上好的路，所有的秩序规范都固化到车的行为里，那么政府只需要提供一个广播，只需要为开拓新路的先行车提供相应的激励即可，这便是发达国家政府的作用。

政府与市场的争论还会持续下去，但正像比喻所揭示的，政府的作用显而易见，也许不能因为政府对经济的干预可能会带来寻租和腐败而就排斥它、否定它的存在，正确的做法可能是合理地引导它，规范它。就像2014年诺贝尔奖评奖委员会将经济学奖授予法国经济学家梯若尔[1]时昭示的那样，关于政府与市场的关系，正确的做法也许是“发挥政府的作用以增进市场，发挥市场的作用来规范政府”。也就是说，一方面，通过对拥有市场权力的企业进行规制，在不完全市场中进一步促进企业之间的竞争；通过机制设计来克服信息的不对称，使市场向完全市场的均衡靠近。另一方面，通过市场的发展来收缩政府的权力，通过市场的开放来增进政府行为的透明度，同时加强法治建设、建立权力制衡机制以抑制拥有合法强制力的政府天然具有的腐败和寻租倾向。

（作者系西安交通大学经济与金融学院博士研究生）

[1] 在《比较》2014年第6期，署名为“瑞典皇家科学院诺贝尔经济学奖评奖委员会”的《让·梯若尔：市场权力与规制》一文中，对梯若尔的主要贡献有较为详细的介绍。

财经阅读

郢书燕说

——亚当 · 斯密的两段重要文字的误译问题 / 孙广振[1]

在中文世界里，亚当 · 斯密有两段重要的文字被广为引用。说它们重要，不仅仅在于这两段文字涉及斯密的经济学说的核心内容，亦即斯密的“自然自由体系”（the system of natural liberty）在政治经济学范畴的运作机制。其重要性还在于，这些文字讨论的议题超越时空，直截了当地处理市场自发秩序以及政府在错综复杂的市场体系中扮演的角色，因而对于中文世界的作者（演讲者）与读者（听众）来说具有特殊的亲和性，觉得切中要害。不光是从事实务工作的政府官员、工商界人士，以及财经类媒体的编辑记者与专栏作家，学者教授也时常引用这两段文字，为自己的观点张目。不幸的是，这些文字，流传虽广，却是郢书燕说。译文上的毫厘之失，竟成千里之谬，引发了不少错点鸳鸯谱的糊涂论战。

其中一段话，是关于经济繁荣的政治社会条件的。中文文献里，论及政府与市场的关系时，广泛引用的斯密的这段话是：

> 除了和平、轻税负和宽容的司法行政外，把一个最原始的国家发展为最大限度繁荣的国家，就不再需要别的什么了。

这段译文，问题很多。为了把事情原委交代得清楚一些，有必要老老实实作回文抄公。好在，斯密的原文不长，如下：

> Little else is requisite to carry a state to the highest degree of opulence from the lowest barbarism, but peace, easy taxes, and a tolerable

[1] 作者感谢以下诸位好友对于初稿的点评以及修改意见：黄有光、韦森、熊秉元、何涌、赵京兴、李井奎、王宁、程文利。作者自负文责。

administration of justice; all the rest being brought about by the natural courses of things.

熊秉元先生在《读书》2014 年 7 月号发表短文，呼吁“把（洋）书读对”，很中肯。其中一段文字，委婉批评法学名彦将上述斯密引文中的“a tolerable administration of justice”翻译成“有包容性的司法”，涉嫌谋杀英文，关键词“tolerable”的解读颇成问题之外，更令主客体易位：斯密的原文里可堪忍受（tolerable）的主体是民众，到了中文里，“有包容性的司法”的主体则变成了政府与公权力。

不过，与经济学界普遍将“easy taxes”翻译成轻税相比，法学家的错误就算是小过失了。翻阅过斯密的《国富论》或其《法理学讲义》原著的应该记得，斯密洋洋洒洒，全面剖析现代政府在维持商业社会健康运作方面的职能之时，反复交代人类社会历经狩猎、游牧、农耕而臻于工商阶段。个中曲折迂回自不待言，但斯密格外强调，其中十分要紧的一个环节则是市民社会的兴起。依照斯密笔下的历史，罗马帝国崩溃多年之后逐渐兴起的市民社会，源自于可以豁免多种税赋义务的自由人（Free-burghers, Free-traders）的聚集。自由市民享有自治权利，国王出于制衡封建领主的政治考量，在司法、税收、管制、地方治理等各方面对于市镇多有让步与优惠。市民遂有动机捐钱纳税，以建立和维护强有力的地方政治社会机制，保护自身的自由与财产安全，俾使每个人能尽其所能，谋求个人利益与幸福；斯密念兹在兹的“自然自由秩序”也才能舒展开来，带来富裕安康，引领社会渐入佳境。适宜的税制下，纳税人自然会欣然纳税，适意而为，是为“easy taxes”。

不难看出，斯密的适宜（意）税赋这个观念的重点不是税负的轻重，而是征税的原则与方式；为此，斯密一再强调税制的公平、明确、清晰，征税的便利、不扰民以及相关行政成本的节俭，等等。举例言之，斯密极其推崇英国的体制，著述中不吝赞美之辞，但英国人的税负相对于其他国家（如拉丁民族国家），未遑多让，实有过之而无不及。斯密旅法期间（18 世纪 60 年代中期），法国的人均税赋只有英国人的一半，但法国人深为税负所苦，英国人却安之若素，不以为意。指陈法国税制远劣于英国之余，斯密不露声色，顺带点明：环顾欧洲大国，英国之外，法国毕竟已算得上温和宽大之邦（见《国富论》第五卷“税赋”篇）。制度之优劣，与税负数量上的多寡，孰轻孰重，不言自明。斯密入世极深，世俗万象知之甚详，又思虑极远，俨然精骛八极气象，更兼学养深厚，故立论高远，见识多高明而通达。《国富论》中的历史掌故，俯拾皆是，事关各国赋税部分，更有巨细靡遗之势，令人惊叹作者的学识渊博以及轻松驾驭丰富史料的功力之深。但凡读过斯密原著的，是不可能把老先生的“easy taxes”当作轻税负来理解的。

也许有必要强调一下，适宜（意）税赋这个想法，在斯密的政治经济学思想框架里，于维护经济自由和经济繁荣关系重大。研修观念史的不少学者，力倡斯密的政治经济学说实为立法者的学问，是关于社会如何治理的大学问。市镇自治，甚至成为独立的共和邦国，政法方面开启斯密津津乐道的商业社会的有限政府与分权格局，市镇民众与公权力的财税关系方面则奠定优良税制的基石，为工商时代鸣锣开道。为写作此文，笔者翻检了一下海峡两岸广为流行的《国富论》中译文的第三卷（历史卷）部分，包括大陆方面商务印书馆印行的郭大力、王亚南的经典译本，陕西人民出版社2001年出版的杨敬年译本，华夏出版社2005年印行的唐日松等人的译本；以及台湾方面先觉出版社2000年初次出版而后多次印刷的谢宗林、李华夏译本（《国富论》前三卷）。不消说，这些译本各有擅长，贡献良多；很可惜，译者对于斯密历史法理学说的精湛处似乎留意不够，把老先生笔下（《国富论》第三卷第三章）的市镇自治意义上的“优良治理”（good government），无视上下行文，作人格化处理，译成了“好（优良）政府”。

一个有趣的插曲是：中文世界里到处走俏却又命运多舛的斯密“轻税负”这句话，斯密生前修订出版的《国富论》的五个版本里并没有出现，虽然相近的意思在《国富论》里清晰可辨。斯密去世四年之后，斯图尔特（D. Stewart）于1794年在爱丁堡皇家学会学报上发表长文，介绍斯密生平及其著述（后作为附录，收入次年出版的《斯密哲学随笔集》）。据斯图尔特回忆，1755年斯密曾在一个学会的聚会中宣读过一份未刊手稿，当时斯图尔特亦在场。这份手稿对于多年后印行的巨著《国富论》的许多重要观点已经有所阐述，并且深入细节。“轻税负”这段原话正是在此手稿里出现，只是到了《国富论》的最后定稿，修辞与表述上颇有出入。由于“轻税负”这段话言简意赅，醒人耳目，并且措辞平易，近乎妇孺能解，遂流行于世。一百多年后，坎南（E. Cannan）教授于1904年编辑重印《国富论》，详加注解，影响深远；坎南长篇引用斯图尔特的回忆录，多有阐发，对于“轻税负”这段“斯密语录”的传播流布更有揄扬之功。（关于《国富论》的坎南本子，下文还要述及）

斯密另外一段被广泛引用的文字则是关于那只著名的“看不见的手”的。世界上恐怕没有哪位美人的纤纤玉手或伟大领袖的大手知名度堪与此手相埒。斯密一生留下的文字里，只有三处运用“看不见的手”比喻，其经济学论著里则只有一处，出现在集中清算重商主义思想的《国富论》第四卷。斯密论述为何资本持有人，出于自利，会主动投资国内，将资本用于国内的生产活动之际，妙笔生花，强调“如同在许多其他场合一样”，冥冥之中，投资人“受着一只无形的手的牵引”，竟出于其自身的考量与意料之外，于社会利益的增进有所贡献。在其早于《国富论》十七年出版的成名作《道德情操论》（1759）里，斯密也运用了“看不见的手”这个比喻，意思类似，但强调的是（富人的）消费活动，通过拉动市场需求增进他人福祉，一样出于富人自身的意料与考量之外。《国富论》里“看不见的手”讲述的故事，则是生产层面的活动，意涵丰富许多，相关的背景交代以及政治经济学上的学理铺陈，更是层层推演，宏阔深邃，远非《道德情操论》里无形之手的惊鸿一瞥可比。值得留心的是，斯密在《国富论》里是运用一个长句子（包含68个单词，稍长，兹不抄录，有兴趣的读者不妨自己查阅），先概括交代前文论述的议题以及相关分析，亦即资本持有人出于自利会选择将资本留在国内、用于引导国内民众的勤勉（domestic industry）而不会肥水外流云云，再落笔到“看不见的手”这个妙喻上来。郭大力、王亚南两位前辈的《国富论》经典译本（商务印书馆2011年印刷，下卷27页），将这个长句子，截断成两句话，以便行文通顺：

> 由于宁愿投资支持国内产业而不支持国外产业，他只是盘算他自己的安全；由于他管理产业的方式目的在于使其生产物的价值能达到最大程度，他所盘算的也只是他自己的利益。在这场合，像在其他许多场合一样，他受着一只看不见的手的指导，去尽力达到一个并非他本意想要达到的目的。

此处，一个不应该出现的失误是，译者将斯密原文里的劳动或勤劳（industry）均译为带有强烈的行业和部门意涵的“产业”了。不过，相对于“轻税负”一段文字的误译，单独去看郭、王两位前辈对“看不见的手”长句的翻译，问题倒没那么严重。更何况，斯密的原文，含义层次繁富，行文迂回复杂，郭、王的译文大体顺畅清晰，除了“产业”之误，算是曲尽其意。但是，不容忽视的是，“全社会一年的总收入，依赖于资本引导、雇佣（生产性）劳动（industry，译为勤劳或勤勉，也许更加贴切）”这个想法，实则贯穿斯密的资本理论，尤其是《国富论》专门处理资本问题的第二卷。1972年度的经济学诺贝尔奖得主希克斯教授，立足于《国富论》中心意旨在于揭示经济增长的动力学机制的学术立场，甚至铁口直断此卷为全书精华所在。依笔者之浅见，希氏的解读未免偏狭［详见拙作（《分工经济学说史》（The Division of Labor in Economics：A History）第八章，英国 Routledge 出版社，2012 年出版］，但在斯密的理论中，资本激活与引导民间劳力（industry）以增进国民财富的想法处于极重要之地位，则是毋庸置疑的。郭大力、王亚南两位前辈的译本将不计其数的劳力（industry）译成“产业”，是很不应该的，不少地方扭曲了斯密的原文，严重处形同虐杀英文，不堪卒读；“看不见的手”这句话里的“产业”之误只是其中一例。这方面，台湾先觉出版社的谢宗林译本，以及上文提到的陕西人民出版社的杨敬年译本，则优良许多。

不妨顺带一般性点评一下郭大力、王亚南两位前辈的《国富论》经典译本。前辈筚路蓝缕，嘉惠无数后学，自不待言。但是，有些地方的翻译带有误导性，也是事实，不容忽视。近些年面世的几个新译本，也不方便以后来居上的标准来衡量。优良译本，依然有待来者。如前述，斯密亲自操刀，生前《国富论》共出版了五个版本。博学宏识的坎南教授积数年之功，详加考订，基于《国富论》的第五个版本精心编辑，并辅以大量注解和内容提要，于 1904 年重印《国富论》，为学界长久奉为圭臬。尤其重要的是，坎南借重于 1895 年意外发现的斯密早年执教格拉斯格大学期间的法理学讲义（坎南考证编辑后，于次年印行，学界为之风动），解读《国富论》中一些核心想法的脉络，对于读者把握斯密的不少想法很有帮助。版本的选择上，郭、王两位前辈选择的英文版本由罗杰斯（T. Rogers）编辑，1880 年牛津出版。作为此书的第一个中文（节）译本，严复先生的《原富》也是基于罗杰斯的 1880 年牛津版。罗氏本子实际上是基于《国富论》第三版的。《国富论》的第四、第五个版本，相对于以前的版本，修改很少。就翻译介绍的工作而言，郭王两位前辈的原文版本的选择差强人意。但是，他们对于版本的选择本身，却表明当年两位风华正茂的年轻人，限于治学环境，未及做够相关功课，便匆忙操刀，作为翻译《资本论》浩大工程的一部分准备工作；古典政治经济学原著的一些精湛之处，理解把握不到位，实在在所难免。把《国富论》当成磨刀石，为日后啃硬骨头，经营《资本论》做准备这个想法，稔熟经济思想史的一些学者也许会觉得荒腔走板，幼稚可笑；立足于真诚推崇马克思经济学说的学术立场，这个念头倒也合乎情理，中规中矩。王亚南先生晚年（1965 年；4 年后，王先生辞世）组织改定译本，并作序言，与读者分享心得。坦率地讲，改定的译本依然有不少瑕疵。细读王先生的修订本序言，不难看出，直到晚年，王先生对于斯密的学问实在不甚措意。

（作者系澳门大学社会科学学院经济学系教授）

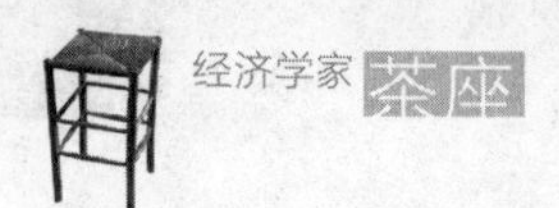

斯密主义的劳动分工经济学 / 李井奎

1764 年，作为一位年轻公爵的家庭教师，亚当·斯密来到图卢兹之后不久，就给他的密友大卫·休谟写信，称他已经开始了一项研究计划，正是这项研究计划最终使他完成了那部流芳于世的巨著——《国富论》：“为了消磨时光，我开始写一本书”。

斯密用了长达 12 年的时间来写他关于政治经济学的这部主要著作，其中有将近九年他是在精神高度集中的状况下进行工作的。可以毫不夸张地说，早在 1763 年，斯密就已经开始打算写一本系统性地处理他在格拉斯哥大学法理学讲座中所涵盖的政治经济学内容的书了。从他的《早期草稿》（Early Draft，《国富论》的那部分）和他手稿的组织方式中，我们可以明显地看到他的这种意图。斯密在劳动分工经济学方面，取得了经济思想的巅峰成就。

值得一提的是，斯密自己承认他可绝对不是一个写作的快手：“我是个迟钝、非常迟钝的作者，每一篇作品在我能勉强满意它之前，至少要写上六七遍。”煞费苦心地写上这么一部开辟之作，对于作者而言，可以这样说，既让人无比兴奋，又让人精疲力竭。在开始此书写作两年多之后，我们的作者感到自己整个身心都被这项工作给占据了，而且预感他将永远也看不到大功告成的那一天：“按照我现在的处境，我应该说无事可做，但是我自己的研究计划使我极少空闲，我的研究继续下去很像永远做不完，我看不到这项工作有到达尽头的可能性。”三年半之后，由于长期在这个项目上辛苦劳作，斯密病倒了，他这样写道：“拙作原以为入冬之前能一切就绪，可以付印。但由于修改工作不时中断，现在看来只得推迟几个月出版。这中断的原因，一部分是没有娱乐再加上长期专注于一个问题，健康状况不好。”当然，斯密为这项工作努力追求的那种精细入微、全面通彻，以及在这个过程中所体现出来的无比耐心，都使得要想最终完成这部大书，还要再花去不知凡几的岁月。历史的事实是，此后又过了大约三年的时光，这部巨著才告完工。

亚当·斯密之所以能够在劳动分工经济学方面取得如此伟大的成就，除了他自身的天赋和努力之外，还有一个重要的原因，那就是前人为他做出了重要的理论铺垫。

在此之前，重商主义者们已经对有关财富的诸般主题进行了体系化的尝试，而且最为重要的是，以格劳秀斯、普芬道夫和约翰·洛克为首而发展出来的自然法理学，为亚当·斯密的理论体系提供了更为宽广的视角和概念性的体系，可以让他借以来系统地分析商业社会的性质与开展这项极富挑战性的工作。在这个过程中，亚当·斯密发展出了一套他自己的自然自由体系，而劳动分工与市场的内在秩序在这个体系里发挥着核心的作用。

毋庸说，斯密自己对他在《国富论》中所从事的这项伟大的研究任务，是心知肚明的。今天的学术界已经公认，斯密在试图发展一套这样的自然自由体系：这个体系最重要的面向是伦理学、法理学和政治经济学，沿着对商业社会的性质这条综合分析路线，给出一套关于人类社会如何从农业文明过渡到商业文明的系统解释。从这个角度来看，像他那样把劳动分工这一主题作为其毕生工作，尤其是作为他的政治经济学体系的核心角色，实在是再自然不过了。

亚当·斯密的劳动分工理论之基本要旨看起来并不复杂，归结到底，不过是两大思想：一是得自劳动分工的收益非常之大，且构成了劳动生产力增进的最大来源；二是通过功能健全的市场体系，这些收益可以最为切实、有效地得到实现。和很多早期思想家一样，斯密将劳动分工看作是文明的根基，把它当作自己整个政治经济学体系的起始之点。在斯密那部伟大的划时代著作《国富论》中，斯密开篇就把劳动分工作为财富科学的核心主题来处理，概略地给出了《国富论》一书要详加阐释的基本原理。他利用和综合了无数先驱们在这方面的工作，并在发展一套自洽而系统的分析，从而可以对劳动分工原理的深远内涵进行更为深邃的洞察，在这方面斯密又远超前人。

在《国富论》的开篇，亚当·斯密就指出："劳动生产力上最大的增进，以及运用劳动时所表现的更大的熟练、技巧和判断力，似乎都是分工的结果"。紧接着，他用著名的扣针生产的例子来说明这一点，历数了劳动分工的三大好处：

第一，劳动者的技巧因业专而日进；第二，由一种工作转到另一种工作，通常须损失不少时间，有了分工，就可以免除这种损失；第三，许多简化劳动和缩减劳动的机械的发明，使一个人能够做很多人的工作。

然后，斯密将带来了巨大效率的劳动分工的根源归结为人类"互通有无，物物交换，相互交易的倾向"，他借助于苏格兰启蒙运动诸位哲学家创造出来的自发秩序理论完成了对分工体制的形成之阐发。斯密认为，是人们自我关爱的倾向构成了商业的驱动力量，进而带来了合作，创生出了文明的商业社会。而这一社会如何才能够取得成功，

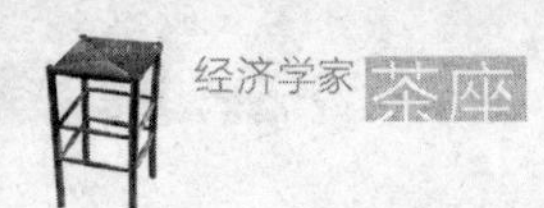

答案就在有效的自由市场体系那“看不见的手”之中。在斯密那里，劳动分工和市场范围之间的关系并不是一种简单的单向因果关系，劳动分工不但会取决于市场范围，而且反过来市场范围也会进一步促进劳动分工的深化。斯密还特别指出，劳动分工并不取决于个体之间的差异，而个体之间才能的差异与其说是分工的原因，不如说是分工的结果。斯密的这种源于职业选择的人际差异，是其不断加以强调的一个理念，在其自然自由体系中发挥着重要作用。

亚当·斯密使用劳动分工和市场范围之间的关系，解释了城乡之间的分化和城市的发展。更重要的是，他认为，城市中的商业与制造业的发展不但会为城市带来秩序和良好的治理，也会为乡村解决其“个人自由与安全”这一问题提供了可能。商业和制造业是城市赖以生存的基础，需要一套运行良好的保护产权、维护和促进劳动分工的司法体系。而在大规模的商业和制造业兴起之前，封建大领主往往可以和国王分庭抗礼，最终导致秩序的紊乱和周期性的暴力冲突。斯密认为，封建制度在这个问题上只能起到缓解作用，而无法从根本上予以消除，但是，发达的商业和制造业兴起之后，农民不再像过去那样在经济上依附于大领主，在维持每一个工人的生计上，单个领主所起到的作用相当微小，这样工人们的独立性就得到了保证。由于所有人皆以城市中类似的劳动分工与交换的方式而彼此依赖，领主们对领地的管辖权被显著削弱，最终淹没在商业活动的大海之中。而商业社会在保卫其成员的财富与个人自由、和平与正义方面要比农业社会强大得多，商业社会的文明程度，皆是拜劳动分工的深化和市场范围的扩大所赐。而要使商业和制造业能够繁荣发达，良好的政府治理是不可或缺的，唯有如此，方可维护正义和秩序。所有这一切，都是各个阶层中的个人不断追求自身利益的结果。

亚当·斯密的“看不见的手”思想，并非仅仅是一个华丽的修辞手法，必须将这一思想放在他的自然自由体系中方才能够得到透彻地理解，这一点早已为众多学者所认识到。斯密从格劳秀斯、普芬道夫和约翰·洛克的自然法学传统中吸收了很多自由主义的原则和自然法理学的总体框架，并将它们与自己关于商业社会的本质和复杂性所做的观察整合在一起，不仅为财富的生成和经济的增长，而且还为公平正义，发展出了一套具有强大解释力的框架，这就是他的自然自由体系。自然自由体系的惊人后果，是由在利用个人的劳动和资源上尊重个人的选择而带来的，即文明社会中得自劳动分工的收益可以扩展到社会的各个阶层，这就不仅改善了劳动阶级的福利，同时也增进了上层阶级的福利。斯密写道：“在一个政治修明的社会里，造成普及到最下层人民的那种普遍富裕情况的，是各行各业的产量由于分工而大增。”斯密认为随着劳动分工的深化和市场范围的扩大，财富会不断地涌现出来，其比例要比投入生产过程中的劳动的比例更大。这样，在一个文明的商业社会，一个普通的日工可能也会比野蛮国家的国王更加富足。正是在这样的分析结论之下，斯密的政治经济学体系对人类的前途洋溢着乐观的精神，而这一体系的基础就在于不断深化劳动分工的程度，扩大市场的范围。

在亚当·斯密对劳动分工经济学所做出的诸多重要贡献中，关于劳动分工和市场范围之间关系的分析，虽然经常被后人引述，但是往往有被低估之嫌。

劳动分工受到市场范围的限制这一思想，早在斯密之前的古希腊和中世纪伊斯兰学者的作品中就已经被提及，而晚期的重商主义者诺思和曼德维尔等人也意识到了贸易包括国际贸易对生产中劳动分工对经济发展的重要性。但是，似乎斯密才是第一个全面认识二者关系的学者，他认为，劳动分工在决定市场范围方面也发挥着关键作用。有关斯密这一方面的思想，爱德华·吉本·威克菲尔德把劳动分工和市场范围之间互相强化的理论予以相当程度的充实。威克菲尔德观察到，英国人口中有三分之一从事农业生产，而法国和葡萄牙的这个数字则分别达三分之二和五分之四，这一就业结构上的显著差异所带来的交换力量上的差别，又使得英国的农业远远胜过法国和葡萄牙那些国家。因此，威克菲尔德给出了一个重要的命题：职业的分工受制于市场的范围，同时，很大程度上市场的范围也同样受制于职业的分工。而且，他还认为，对于这一方面，政治经济学应该进行更加深入的研究。威克菲尔德甚至不赞成使用劳动分工这一术语，他认为劳动分工可以由所谓“职业的分工”来表示，而另外一个重要的面向“劳动的联合”或劳动的合作则须另外找一个术语来表示之。

威克菲尔德的这一思想与阿尔弗雷德·马歇尔在其《经济学原理》中表达的“积分法”思想不谋而合。所谓的“积分法”，用来指不同生产部门之间不断增长的相互关联和交互依赖性，与所谓的“微分法”相对，后者是指不断细化的职业和工序的分工以及专业化的深化。马歇尔是这样表述的：“这种机能的再分之增加，或称为‘微分法’，在工业上表现为分工、专门机能、知识和机械的发展等形式：而‘积分法’——就是工业有机体的各部分之间的关系的密切性和稳固性的增加——表现为商业信用的保障之增大，海上和陆路、铁道和电报、邮政和印刷机等交通工具和习惯的增加等形式。”

有鉴于此，马歇尔引入了“外部经济”（external economies）这一概念来概括这种所谓的积分法。而这一概念在20世纪20年代曾引发了一场经济学中的热烈讨论。

皮耶罗·斯拉法在1926年的文章里清晰地证明，古典政治经济学中源于劳动分工的报酬递增，是不可能与马歇尔的竞争性框架彼此兼容的。斯拉法并非不知道马歇尔在晚年的《工业与贸易》一书中对外部经济概念的重新表述，但是如果仅从马歇尔的局部均衡分析来看，这样的经济的确不会存在。从这一意义上讲，斯拉法的批评的确具有毁灭性。

部分是为了对斯拉法的批评做出回应，而且也为了给马歇尔的外部经济概念进行辩护，1928年9月10日，艾伦·杨格（Allyn Young）在格拉斯哥就任英国科学促进会经济学和统计学分部主席时发表了一篇就职演说，对此进行进一步的说明。这篇演讲词是20世纪关于劳动分工的重要文献。在这篇演讲词中，杨格认为外在于个体企业的马歇尔的经济产生于整个工业有机组织，换句话来说，是源自劳动分工各分立部门之间的交换网络。他明确指出，马歇尔的外部经济是根植于劳动分工的深化和经济组织的变迁之中的，由此强调指出马歇尔的外部经济，不仅指数量上的变化，更为重要的是它也包含性质上的变化。杨格认为，一方面是关联众多、彼此联接致密的交换的复杂网络，另一方面是生产当中劳动分工的深化，在现代形式当中常体现为生产的迂回方式，对这两方面之间的相互依存关系进行研究，才是一个更有前途的研究方向。

在劳动分工和市场范围这一主题上，下一个重大的突破是斯蒂格勒1951年发表的文章，现在这篇论述垂直一体化的文章已经堪称经典，这位作者把他所谓的“斯密定理”——即劳动分工受到市场范围的限制——应用到了垂直一体化之上。斯蒂格勒认为，“企业在使用一系列不同的工序（operations）”生产一个最终产品，不同的工序需要使用不同的技术。也就是说，有些工序表现出成本递减这种模式，其他的工序则表现为成本递增，而某些工序可能会呈现“U”形趋势。如果所有的工序被涵纳在同一个企业内进行操作，这就可以称为“垂直一体化”。否则，非一体化就会出现，外部的一家企业给下游企业以低于后者自己生产所给出的价格来提供中间投入品。

尽管斯蒂格勒的这篇文章尚且存在着各种各样的缺点，但他的研究仍然不失为劳动分工和市场过程的斯密主义理论进展的一个里程碑，因为它不仅给出了进一步研究垂直一体化的有用框架——这个框架下已经出现了大批文献，而且也有助于在现代主流经济学当中复兴劳动分工的斯密主义精神。总体上来看，斯密著作出版后的两百年间，职业经济学家对这一主题显然缺乏兴趣这一事实，让斯蒂格勒感到了莫大的遗憾，他认为，这是后斯密时代经济科学的最大败绩。

（作者系浙江财经大学经济系副教授）

从"薛定谔的猫"到"卡内曼的猫"

——何帆一篇札记的扩展尝试 / 邱 东

一

2014年11月28日，网上贴出了一篇何帆札记："凯恩斯的猫"。何帆先生首先概要介绍了那个著名的思想试验："薛定谔的猫"。随后便展开了自己的思想畅游。

"不太严格地借用薛定谔的思想，我们可以构想出另一种佯谬：凯恩斯的猫。很多人都把凯恩斯视为主张政府干预的代表人物，其实凯恩斯只是主张在特定的市场失灵的情况下才实施政府干预。不管了，让我们将错就错，假设凯恩斯提出，政府就像一只关在黑箱里的猫，在酝酿某一项政策。'凯恩斯的猫'可以这样表述：当我们没有揭开决策的黑箱之前，政府的政策究竟是好还是不好，我们是不知道的，它既是好的，又是不好的。只有当我们揭开了这个黑箱，政策大白于天下，我们才能知道它是好的，或是坏的。我把这种假说称为'弱凯恩斯的猫假说'。'强凯恩斯的猫假说'可以表述为：即使我们打开了黑箱，也仍然无法判断一项政策是好的，还是坏的。"

我喜欢读随笔和札记之类的东西，就是因为它容易让思想"信天游"，能提供足够大的生长空间。有新意的句子抓眼球，有时还会激发灵感。而何帆先生的这篇札记，借名人题材舒一己之遐想，给出了"凯恩斯的猫""弱凯恩斯的猫假说""强凯恩斯的猫假说"等新概念，还一二三四地进一步说明其所以然，说不定哪句话就能修得正果，为经济学殿堂添个砖瓦什么的，此等便车搭得妙！

二

何以经济行为如此不确定呢？何帆给出了四种解释：其一，政府在决策的时候往往面临多重目标。其二，政府在决策的时候总是要受制于信息不对称。其三，政府总是短视的，或曰政府的决策时域不够长。其四，政府很可能会受到利益集团的阻挠。

这四条原因概括得不错，该点个赞，再加点评论。

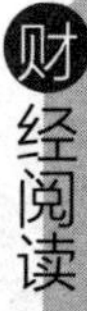

“政府在决策的时候往往面临多重目标。”这比较容易理解，社会生活中此类案例颇多，有一个传言能够形象地说明这一点。据说朱镕基任上海市长的时候，碰到下级请示浦西浦东交通建设方案，一个是建桥，一个是挖隧道。当时中国经济盘子还没这么大，上海市的建设资金也很紧张，两样只能选一样。朱市长没有直接拍板，只是问了一个貌似不相干的小问题：只有那么点钱买粉，你们说，这粉是搽在脸上呢，还是搽在屁股上？响鼓不用重锤，以上海人的精明，马上就明白了朱市长的用意，于是第一座浦江大桥就这么开工建设了。既要着实改善交通，还得借此提高政府威信，最起码一石二鸟，这事儿不正昭示了政府决策的多重目标么？

“政府在决策的时候总是要受制于信息不对称。”这可能叫人不大容易一下子接受。现在都“大数据时代”了，再说在中国这个官本位的社会里，政府还不是呼风唤雨要啥有啥？当官的咋还能受制于信息不对称呢？我倒是支持何帆先生的这个提法，问题的要害在于数据质量，不管是人为使然，还是客观因素，有效信息总是稀缺的，而高质量决策又偏偏离不开高质量数据。我曾写过一篇说明大数据时代挑战的文章，发表在2014年《统计研究》上。顺势者昌，好多人愿意宣传大数据的机遇，我却更关注其挑战。大数据时代同时也就是“大噪声时代”，对决策有效的信息不易找到，干扰决策的种种噪声却能把人吵晕。貌似信息选择余地很大，拍板时却无所适从，还不是受制于信息不对称么？

“政府总是短视的，或曰政府的决策时域不够长。”“政府决策在本质上讲都是短期决策。”这些话对我刺激挺大，提醒我逐一澄清一个诱人的幻觉。老祖宗一直谆谆教导人们应该具备宏观视野，更甭说对官员的要求了。清人陈澹然在《寤言二迁都建藩议》中赫赫然指出：“不谋万世者，不足谋一时；不谋全局者，不足谋一域。”身为父母官，岂能不高瞻远瞩？为官主民，哪能没有战略规划？习惯地以为政府行为的高大上，何帆先生却把这当成“一种流行的谬误”，而且，“没有比这种幻觉更错误的了”。

仔细一想，何帆说的颇有些道理。“一届政府，在任的时间也就那么几年，你不考虑自己在任期间的政绩，反而要去操心自己下台之后的事情？”“你在台上的时候，所有的眼睛都看着你，期待着你有出色的表现。难道你告诉他们，我做的事情只有到了五十年之后才能看出效果？”孔子教导有曰：“不在其位，不谋其政。”闹了半天，管理规划过于长远，竟然违背了至圣先师的训诫！闹了半天，官员行为短期化，是有其隐含因由的，甚至可以说是理所当然的。闹了半天，官员一直处于行为悖境之中：

既应该远视，又往往无法远视。这么说，绝不是拍马屁，后面会提到，其实老百姓也逃不开这种尴尬。

值得强调的，是决策取向上的一个区别：到底是福利最大化，还是成本最小化？何帆先生说，“经济学家在考虑政策建议的时候，总是要计算哪种政策会带来社会福利的最大化。政府在决策的时候，首先要考虑哪种政策的成本最小。如果没有决策时域的约束，这两种思路在数学上是完全等价的，但在现实政治中却经常有着极其不同的结果”。好多官员看不起经济学家的“书生意气”，这个区别可能解释了个中原因？毕竟，成本付出往往是即时的、提前的，而福利却往往只是个“期货”，与成本之间还隔着飘忽不定的时空呢，于是便有了或然，有了风险。官员身处管理第一线，对此中差异体会更深，自然考虑成本偏多——得掏多少真金白银？而书生醉心于“妙手著文章”，“铁肩”担的道义往往是敬而远之的事儿。或许，学者型官员，介于纯官员与纯学者之间，能将二者兼顾？

“政府很可能会受到利益集团的阻挠。”关注时政的很容易了解这一点，看美国的游说团体堂而皇之地奔走于国会山，你就知道，利益集团其实可以是阳光下的存在，博弈公开呗。何帆先生引了两位著名经济学家的话，振聋发聩，发人深省。J.斯蒂格勒指出，被管制者往往主动要求政府管制，目的是限制潜在竞争者的进入。而著名经济学家M.L.奥尔森则把利益集团比作闯进了瓷器店的公牛，宁可将财富踩在脚下，也不分给别人。只讲阻挠太过狭隘，忽略了另一面。与何帆先生论述的内容相比，也显得不够开阔。稍加拓展，利益集团对政府不止是“阻挠”，还会有“促使”，总体说是企图“摆布”政府。

何帆先生认为，他所概括的四种政府决策约束“在任何时期、任何一种体制下都是普遍存在的，和体制一点关系都没有”。约束普遍存在之说我赞同，不过这些决策约束与体制还是颇有关系的：在不同体制中，这些决策约束确实全都存在，但存在的方式和程度则可能有很大不同。所谓进步或改良的体制，恰恰在于有助于打破这些决策约束，起码是部分地打破。何帆先生自己也认为：“从历史的演变来看，制度不过是由一连串的政策形成的，而看似应急的政策之中，往往蕴含着未来的制度变迁的基因。”这个说法实质上就肯定了决策约束与体制的潜在关系。

三

除了解读何帆的观点外，我还想到，这个思想实验能不能做个一般性扩展呢？

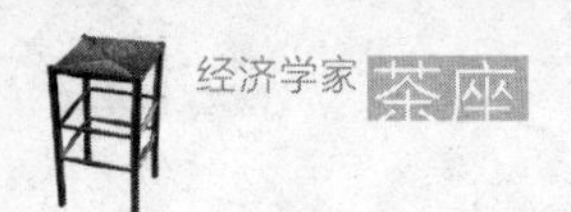

何帆是把政府作为决策主体来进行思想实验的，从而引出了“凯恩斯的猫”。我们知道，按照国民核算体系（SNA）的框架，一个经济体包含着四大行为主体，政府之外，还有居民、企业和NGO，甚至应该看到，相对于市场而言，居民和企业本是更为原生的行为主体，所以，我们应该做一般性的思考，探索所有行为主体受到的决策约束。

人类经济行为，即是选择，即是决策，即具备不确定性，形象地看，即处于黑箱之中，即是那只生死未卜的猫。J.M. 凯恩斯在政府经济作用上最为著名，所以何帆先生用“凯恩斯的猫”来作为政府的形象代言。那么，要研究人类行为不确定性，该请哪位尊神呢？人们自然会想到现代经济学的新秀——行为经济学。因为D. 卡内曼教授是其主要开创者，且因其卓越贡献获得诺贝尔经济学奖，故而我倾向于请D. 卡内曼教授作为那黑箱之猫的名分之主。这便是我所谓“卡内曼的猫”之由来。

要是按照分析对象范围的宽窄或归属来看，“卡内曼的猫”便是“凯恩斯的猫”的一般化，而“凯恩斯的猫”则不过是“卡内曼的猫”的一个亚种。世界潮流，弘扬民主。“民主”这个词儿的中文翻译挺好，直中要害。顾名思义，就不光是当官的做主，政府之外的行为主体也可以做主。行为主体各居其位，各司其职，各主其当主之事，决不能越俎代庖。由此看来，我提倡的扩展还有其法理性。

不过，“卡内曼的猫”所受到的约束跟“凯恩斯的猫”大致相同：目标多重、信息不对称、决策时域短、利益相关者博弈。

所有行为主体的决策都面临着多重目标。就说穿衣服吧，遮羞、避寒和美观是衣服的三大基本功能，这是我们从小就被告知的。如何穿衣服，就取决于我们如何看待这三大功能，偏重于哪一个，又偏重多少。其实，吃东西也是如此，对自己而言可以为了解饿吃，为了解馋吃，为了营养吃，为了治病吃；对他者而言可以为了孩子吃，为了工作吃，为了交友吃，为了形象吃，为了攻关吃……种种目标，不一而足。一顿吃，可以解决几种目标，怎么选取，也得看行为者的“有效意愿”，即行为环境所允许实现的意愿。

所有行为主体的决策都面临着信息不对称。政府是一个特殊的行为主体，具备了其他行为主体所不具备的超经济权力，如果说政府都受制于此的话，那么其他行为主体则更难逃此约束。再者，大数据时代一方面给行为主体带来了信息便利，另一方面也带来了信息麻烦，二者孰多孰少，对不同时期的不同行为主体极可能是不一样的。还有，用于决策的信息增加了，而决策的复杂程度也随之增加了，水涨船高。基于上述理由，信息不对称的基本状态恐怕难以改变。

所有行为主体的决策时域都不够长。人无远虑，必有近忧。决策时间有限，近忧多者只能少谋远虑，近忧少者则得以多谋远虑。而忧虑多少在客观上受制于决策环境，主观上则却取决于行为者，看行为主体给忧和虑的权重几何。相对而言，决策时域总是短暂的，在人生这盘大小未知的棋局中，“长考”再长，也是有其时限的。

所有行为主体的决策都面临着“利益相关者之间的博弈”。我们知道，利益集团是由利益相关者组成的，对政府而言，居民、企业、NGO，甚至不同政府部门，都可能组成不同的利益集团。利益集团摆布政府也是一种博弈，是利益相关者之间博弈的一种表现形式。同样，对其他行为主体，在不同的历史阶段会产生不同的利益集团，他们或共同决策，或分散决策，决策本身都是一种利益上的博弈。利益相关者之间的博弈，与摆布、促使或阻挠等相比，是一个更一般化的表述。

除了这四条，决策约束是否可做进一步拓展？是否存在第五条、第六条什么的？还有待高人指点。

四

“薛定谔的猫”只是人类认知的客体，揭开黑箱的盖子便可知其生死。“卡内曼的猫”和“凯恩斯的猫”则是一种社会存在，与人类共存亡。

何帆先生区分了“弱凯恩斯的猫假说”和“强凯恩斯的猫假说”，从现实看，似乎多为“强猫假说”的情形——即便揭开了黑箱之盖，也难辨好坏。正如大数据时代下，有时事后知道某数据是信息而非噪声，有的则事后都不能知道该数据到底是信息还是噪声。要是这“强猫假说”成立，那我们不能指望“政务一旦公开便有良治”，虽然公开政务肯定优于暗箱操作。

总之，行为结果究竟好坏？其不确定性是绝对的，而其确定性则是相对的。人类只能处于不断求解不确定性的过程中，“卡内曼的猫”如影相随，无论好坏，伴我们始终。

（作者系北京师范大学教授）

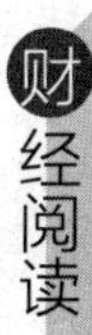

经济史话

缺担保者借债难

——农户融资难的历史探源 / 赵学军

农户融资难的问题一直为各方关注。究其原因，有人认为是金融供给方面存在问题；也有人认为是金融需求方面出了毛病；还有人认为是金融市场缺陷严重；更有人尖刻地说：就怪农户自身。笔者考察了中国信用担保制度史，自言自语道：是因为农户缺乏信用担保啊。

一、借贷风险与信用担保的作用

当你去银行申请贷款，信贷员要睁大眼睛，翻来覆去考察你的还贷能力。别人向你借钱，你可能也在心底嘀咕："这家伙能还我吗？"一方面，银行同意给你贷款，是因为相信你能还贷。你借钱给别人，也是因为你相信他不会不还。所以，只有信任对方，才可能贷出款来。另一方面，借者要"讲信用"，按约归还借款，借贷活动才算完满了结。可见，"信用"是借贷活动的核心，难怪经济学将借贷称为"信用"。然而，借方不讲信用的事情时有发生，贷方总是存在收不回钱财的风险。在应对借贷风险的实践中，控制、降低借贷风险的信用担保制度应运而生。

广义地说，一切借贷都需要信用担保的支持，或为显性，或为隐性。一般而言，能够用于信用担保的抵押物、质押品多是有形的动产或不动产。历史上的担保品主要有土地、房产、金银珠宝、牲畜、人口等。用这些看得见、摸得着的抵押、担保物担保，属于显性担保。以财物作为担保的制度称作"物的担保"制度。

还有一种常见的借贷，表面上看，借方不需要提供任何抵押担保品，凭借自己的信用即可得到借款。而究其根本，实际上借方提供的是隐性担保品。这种隐性担保品就是"社会资本"。"社会资本"表现为家庭的社会关系、社会网络。在比较封闭的传统社会，社会网络对个人的生存与发展极其重要，如果因过失而损害甚至毁掉赖自己的社会网络，个人的生存将举步维艰。正因为如此，由社会网络构建的"社会资本"

有了重要价值。借贷时，这种“社会资本”便可充当抵押品，贷方认为借方不会失信赖账而毁掉自己的“社会资本”，故而收取较少的担保品，甚至不要担保。

与有形抵押物相比，“社会资本”是虚拟的东西，如果没有维护机制，分文不值，但如果维护机制得力，则可能重若千金。中国传统的乡村社会则建立了“社会资本”的维护机制。传统乡村是封闭社会、熟人社会，保留着浓郁的诚信传统，人与人之间非常熟悉，人与人的交往是重复博弈，社区对失信者的惩罚是可信的、有效的，形成了保证“社会资本”价值的信誉机制。这是“社会资本”抵押借款运作的社会基础。据张维迎等人的研究，第一，乡村借贷当事人之间进行的是重复博弈，他自己或子孙还将与村民进行无数次的重复博弈，借款人有追求长远利益的动机，不会不还借款而损害自己的名声；第二，信息对称是个人机会主义行为受监督的基础，乡村里基本不存在信息不对称情况，一个人不守信用的消息很快会被全村人知道；第三，人们会积极惩罚违约者，用“闲言碎语”诋毁其声誉和断绝与其交往作为惩罚。失信者的声誉一旦受损，甚至将连累到整个家庭将来的声誉，导致其“社会资本”的丧失。因此，乡村私人借贷极少有人欠账不还，父债子还并不奇怪。

如果自家财力较厚，“社会资本”也有较大的价值，借债者一般会“自我担保”。这类家庭借钱时，常常把自家的土地、房产等动产抵押、质押给债主。当然，如果他家是名门望族，在当地拥有很高的声望，也可以用“社会资本”作为抵押，取得“信用借款”。

但如果贷方不信任借方的“社会资本”，借方又不能提供足够的担保品，借方就必须寻求他人为自己担保。信用保证人制度由此而生。有担保人作保，债权人等于多一个控制信用风险的钱袋，钱袋越鼓，越有保障。保证人制度又称作“人的担保”制度。

信用担保制度以保证、抵押、质押等方式，保障债务人的权益。采用“保证”信用担保，当债务人不履行债务时，由保证人按照约定履行债务或者承担责任。保证人承担保证责任后，有权向债务人追偿。采用“抵押”方式信用担保，当债务人不履行债务时，债权人将债务人或者第三人所抵押财产折价，或者拍卖、变卖该财产优先受偿。采用“质押”方式信用担保，当债务人不履行债务时，债权人将债务人或者第三人质押的动产折价，或者拍卖、变卖该动产优先受偿。

信用担保制度在借贷活动中具有基础性作用。不少西方学者认为，担保机制能够有效地解决信贷市场信息不对称的困境。因为，借款者向债主提供担保品后，如果违约，担保品将转让给债主，借款者将遭受损失。这样，信用担保既可以激励借款者如约归

还贷款，又可以保障债主的债权。同样，法学家认为，信用担保制度能够维护市场交易安全，促进资金和商品的流通。

二、历史上的信用担保制度

中国传统的信用担保制度产生极早，“人的担保制度”与“物的担保制度”在先秦时期都已产生，其后历经两千余年，双轨并存。“保证”“抵押”“质押”等担保方式在中国历史上很早就已成型。

“保证”担保，在传统信用担保制度中就是保证人制度。信用保证人在汉代称为“任人”“任者”，魏晋南北朝时称为“任”，隋唐五代时称为“口承人”。唐代之后，保人已基本制度化。到明清时期，保证制度相当完备，民国时期完成定型。

抵押制度产生时间不晚于南朝时期，唐代称为“指产”“指当”“按指”“抬押”等，宋朝时抵押称为“抵当”，明代称作“抵借”。质押制度出现于隋唐五代时期，称为“收质”“质典”“典质”等。清代“以物作质”极为活跃，质押称为“质当”。到了国民时期，在连年动荡的社会环境中，抵押、质押更为活跃。

除以物作质外，传统信用担保制度中还存在“人质”制度，即债务人以人身作质，向债权人担保偿还债务。“人质”担保制度一直延续到中华人民共和国建立时期。

总体而言，由法规条文构建的正式信用担保制度先天不足，而由风俗习惯构建的非正式的信用担保制度却十分完备。

第一，风俗习惯确立了比较完备的保证人责任制度。习俗规定了保证人的四种责任：一是债务人财产减少时负有告知债权人的义务，二是催促债务人履约的义务，三是在发生争讼时作为证人的义务及作证的义务，四是担负相应的连带偿还债务的责任。

习俗确定了不同类型保证人负有的不同责任。第一种保人负有完全代偿责任。如，清苑县称“代保代还”担保人，天津县称“担保承还人”，无棣、澄城等县称“人钱两保”保人，他们要在债务人不能偿还借款时，负完全代为偿还的责任。新泰县将负有完全代偿责任保证人代偿债务的行为称作“野猪还愿”。“野猪还愿”的说法非常形象。如果债权是家养的一头猪，这头家猪忽然没了，但有一头野猪主动上门，多少总能弥补损失。

第二种保人不负代偿债务责任。如天津县的“寻常保人”和林县的“普通担保人”，都不代偿债务。

第三种保人偿还部分债务，如山西祁县规定，普通保人“还钱一半”。

保人作保时，一般可以得到举债人的报酬，担保人也面临代偿债务的风险。何人能作保证人，是保证信用制度运行的关键。据李金铮的研究，民国时期保证人由四类人充任。一是经济地位较高者，如地主、富家、商人等；二是一般农民，但比较少；三是拥有广泛的社会关系，所谓有人缘、有面子、有威信、能言善辩者；四是以保人作为职业者，如浙江乐清上园村的"银背"。在无锡地区，穷人欲借借期长、数额多的借款，一定得找社会上的头面人物作保。大体说来，除了亲戚朋友外，农村私人借贷的保证人一般是地主、富农、商人等乡绅阶层。

中国传统保证人制度的运行存在一个"自发秩序"，其中"保人"及"中人"起着关键作用，他们的参与维护着保人制度的有序运行。从历史资料看，在传统信用担保制度中，人的担保占有重要地位，人们更倾向于选择保人。

第二，风俗习惯明确了抵押、质押物的种类，担保运作规则。在传统"物的担保制度"中，核心是私有土地，农户以土地作抵押取得借款较为普遍。如，保定各县以地作抵借款时，借钱人"指定自己所有之地亩，凭中人介说使用债款若干，商明利息几分，何日归还，即以该地亩为担保之凭证，订立契约"。房产也是常见的抵押担保物。如，开封县"如甲借乙银千两，甲即以所管市房写一借约，注明以某处房作保，借到乙某银一千两，月利若干，或向该市房按月取租作息，或由他处按月付息，如过若干年限本息不交，即愿将该房移转"。此外，粮食、牲畜、生产工具也可充作为抵押物。如，甘肃省农户以马牛羊作担保；乡宁县"以牲畜作抵"；汉中所属24县"指定现种青苗，或麦，或稻，以为抵押"。

上述信用担保均为显性担保。实际上，在比较封闭的乡村社会，存在还存在着大量的亲朋好友、熟人之间以"社会资本"作"隐性担保"的借贷。

显然，传统信用担保制度保障债权人权益的同时，又对债务人融资形成了约束。说到底，缺担保者借债难。

三、当今农村信用担保制度的缺失

中国传统信用担保制度在20世纪50年代发生了巨变，造成了农村信用担保制度的缺失。

从"物的担保"制度看，新中国消灭了农村土地私有制，颠覆了以私有产权为基础的物的担保制度。

从20世纪50年代中期开始，随着农业集体化的推进，农户土地、牲畜等私有财

产逐步公有化，农户失去了主要的私有财产——耕地，房屋也因宅基地属于集体而没有完整的产权。生产资料公有制的建立，对以私人产权为基础的抵押、质押信用担保方式造成致命性的破坏。不论是正式信用担保制度，还是非正式信用担保制度，抵押、质押信用担保方式都失去了存在的物质条件，在农村借贷交易中基本消失了。

改革开放后，中国经济呈现出多元化的发展势头。农村实行家庭联产承担责任制后，土地制度所有权仍然属于集体，但农户拥有了使用权、经营权、收益权。虽然农户拥有的土地产权是不完整的，但土地使用权、经营权、收益权等产权逐渐具备了较高的经济价值，在一定程度上能够充任抵押物，这为农村信用担保制度建设开辟了新天地。

但是，在目前农村集体产权制度下，农户能够抵押、质押的资产仍然缺乏。普通农户拥有的最大资产是土地、房屋，但依据《宪法》《担保法》《物权法》《农村土地承包法》等法律的规定，耕地、宅基地、自留地、自留山等集体所有的土地不得抵押，只有通过招标、拍卖、公开协商等方式承包的农村土地，经依法登记取得土地承包经营权证或者林权证等证书的，土地承包经营权才能抵押。农户可供抵押的财产非常有限。

从“人的担保”制度看，20 世纪 50 年代的土地改革，消灭了农村地主阶级，同时也消灭了拥有政治、经济、社会等权力的乡绅阶层。乡绅阶层曾是农村借贷市场信用担保保证人的主体，乡绅阶层的消亡，意味着人的信用担保制度关键组成部分的消亡，人的信用担保制度残缺不全。农村集体化时期平均主义盛行，农户集体贫穷，一直没有形成可以代替乡绅阶层信用保证人角色的人群，以至于一些地方村干部开始充当信用担保保证人角色。

目前，农村的保证人群体有限，农户仍然难于寻找保证人。《担保法》规定，具有代为清偿债务能力的法人、其他组织或者公民，可以作为保证人，而农户可以寻找的保证人多为亲朋好友、乡村干部。改革开放后，一方面，不少地方虽然建立了信用担保机构，但没有担当起传统信用担保制度中的“保人”职能，而且因为需要支付保费，农户也没有兴趣找信用担保机构担保。另一方面，担保机构也不愿为农户担保。

不过，农村集体化时期，非正式信用担保制度中的“社会资本”抵押、保人“保证”方式却从未中断。集体化时期，农户主要为生活性急需而借债，私人借贷是其主要借款渠道。由于国家实行城乡分割的二元户籍管理体制，农民被束缚在村落之中，极少有外迁机会，导致乡村社会更为封闭。这一社会环境使得乡村信誉机制得以维持，农户的“社会资本”具备了价值，农户可以以其“社会资本”作为抵押取得借款。因此，集体化时期，农户私人之间的借贷基本上不需要抵押物、质押品。国家银行、农村信用社等正规金融机构很少向农户贷款，少量的农户贷款也全都是信用贷款，不需要农户提供保证或抵押物，农户以“社会资本”向正规金融机构作了抵押。有时，为保障债权，私人之间的借贷需要保人，由于保证人作保，乡村社会的信誉机制保障了“社会资本”的价值。

然而，农户的“社会资本”的抵押价值正在贬值。改革开放逐渐打破城乡二元经济结构，打破了农村的封闭状态，越来越多的农民外出经商、打工，甚至举家外迁，谋生之处越来越多。虽然乡村仍存崇尚诚信的文化传统，但封闭的社会环境一经打破，传统的信誉机制不再能够发挥有效的作用，欠债不还的代价正在变小，农户“社会资本”抵押价值相应贬值。正规金融机构不愿接受风险较大的农户的个人信用，农户能够获得的以“社会资本”作抵押的信用借款越来越少。

四、健全农村信用担保制度乃当务之急

当今农户向正规金融机构融资的困难的主要根源就是信用担保制度的缺失。为降低信贷风险，农村信用社、农村商业银行等正规金融机构在办理农户贷款时，不愿发放信用贷款，不断扩大抵押、担保贷款，要求农户提供信用担保，将不少农户挡在了门外。据国内诸多学者的研究，信用担保问题已成为许多地区农户借贷的“瓶颈”。

历史经验证明，信用担保制度是借贷市场基础性的制度安排之一，有效的信用担保制度能降低借贷交易的风险，促使私人及金融机构贷放资金，有利于农户获得借款。笔者以为，破解农户借贷难的关键，应是大力发展农村信用担保制度，在农村金融体系建设中，信用担保制度建设应该有优先性。信用担保制度有效运作的时候，就是农户在金融机构借款不再难的时候。

（作者系中国社会科学院经济研究所研究员，博士）

福兮祸之所伏：反思玉米引种历史

/ 黄英伟　陈永伟

玉米学名“玉蜀黍”，又称“番麦”“玉麦”“包谷”“西番麦”“珍珠米”“包米”等，原产于中美洲和南美洲，大约在16世纪后半期，经三条线路（中亚入西北、南亚入西南、东南亚入东南）传入中国（韩茂莉:《近五百年来玉米在中国境内的传播》,《中国文化研究》2007年第1期）。玉米具有耐旱、耐寒、耐贫瘠等特性，在单位产量上具有明显优势，同时具有良好的抗灾性，一经传入便迅速被各地广泛种植（特别是在山区），至清朝初年全国大部分省份已经种植了玉米。

玉米具有明显的产量优势，有利于促进人口增加。和传统粮食作物相比，玉米在单位产量上具有明显优势。《三省边防备览》卷11载，“数十年前，山内秋收以粟谷为大庄，粟利不及包谷，近日漫山遍谷皆包谷”。据赵岗估计，在清代生产技术下，玉米的播种可使亩产量增加10%左右，如果采用与小麦、春谷或高粱轮作，其产量提升得更多（赵岗：《清代粮食亩产量研究》，中国农业出版社1995年版）。产量的提高为清代人口增加奠定了基础。高王凌测算，清代初期（1682年）人口七千多万、康熙年间（1700年）九千多万、乾隆年间（1750年）约2亿、嘉庆年间（1800年）上升为约3亿、道光末年（1850年）超过4亿，人口增长速度极快（高王凌：《明清时期的中国人口》，《清史研究》1994年第3期）。玉米引种为人口的快速增加提供了物质基础。

玉米具有良好的环境适应性，使耕地面积扩大。玉米易于在山区和砂质土壤等肥沃土地带种植，《（嘉庆二十三年）扶风县志》载，“地少水，故稻田仅附渭滨。近则瘠地，皆种包谷”。据此良好的环境适应性，玉米迅速在广大不易种植传统作物的山区得到普及。玉米抗旱、抗涝性能均较传统作物强，易于被农民普遍接受，以抵抗灾害频仍的中国古气候。明清时期中国人口压力逐渐增强，人地比例矛盾突出，在这种情况下迫使人民开垦更多荒地，玉米的良好适应性使土地开垦拓展到不易耕种的山区成为可能，如《（道光三年）秦疆治略》载，“山内老林，虽已开垦，只宜包谷杂粮”。据梁方仲估计，在清初的一百多年间，各省耕地面积增加了一倍左右，其中大部分是种植玉米的（梁方仲：《中国历代户口、田地、田赋统计》，中华书局 1985 年版）。

但是，玉米种植也影响了区域环境，加速了水土流失。玉米的引进种植虽然扩大了耕地面积、促进了人口增加，但不可忽视的是也影响了我国的农业环境。玉米被引进之后主要种植在山地，这对环境产生了两个主要影响；一是为了种植玉米将原来的森林砍伐；二是玉米的种植破坏了原来的土壤结构。二者共同作用的结果是加速了水土流失。玉米、人口、土地之间的循环关系是：玉米种植使粮食产量增加，进而可以养活更多的人口，人口增加需要开垦更多的土地种植粮食，粮食增加再促进人口增长，然后多开垦土地，如此循环，最终严重破坏了生态环境，增加了水旱灾害的频度和烈度（郭松义：《玉米、番薯在中国传播的一些问题》，载《清史论丛》，中华书局 1997 年版）。清代也有类似记载，如《雷塘庵主弟子记》卷 2 所说，“浙江各山邑，旧有外省游民，搭棚开垦，种植苞芦，以致流民日众，棚厂满山相望”；再如《（同治八年）宁国府志》记载，“苞芦，即玉高粱，皆流民私赁山地垦种，甚为河道田亩患”。

阳光下的玉米地

新近出版的用历史气候数据所做的计量研究也证实了这一负面结果（陈永伟等：《“哥伦布大交换”终结了“气候－治乱循环”吗？——对玉米在中国引种和农民起义发生率的一项历史考察》，《经济学（季刊）》2014年第3期）。玉米引种所带来的明清山区流民队伍增加，为社会治安埋下严重隐患。

玉米引种历史的思考。玉米的引种短期内增加了粮食产量、增加了可耕地面积，但长期来看加剧了环境破坏。虽然玉米引种之后发生破坏生态环境、留养流民等问题，但也应该看到在连最基本的生存都是问题的当时社会，寻找高产、抗灾害性强的作物是不可否认的理性选择，这在当时是应该鼓励的。而政府应该具有长远眼光，当发现问题时及时控制作物种植面积，积极引导农民选用正确的种植方法。实际上，当时的清政府已经意识到问题的存在，并做了相关工作，如《（嘉庆十三年）宁国府志》载，“流民赁垦苞芦，有妨河道，嘉庆十二年奉旨查禁”；道光初年，陕西西乡“永将北山封禁（以禁止玉米种植）”（《（道光）西乡县志》）。自“哥伦布大交换”以来，时至今日全球物种交换的速度不但没有停止反而越来越快，全球物种趋同化趋势明显，我国也在不断地引进新物种、新品种。通过玉米引种历史的考察，我们发现对外来作物（或物种）的引入一定要慎之又慎，虽然短期上看能够满足我们的需求，但长期来看有可能会产生很多意想不到的不利影响，以至于给我们造成更大的麻烦或损失。

因此，玉米引种正反两方面的例子强有力地说明，对外来物种的引入一定要做好全方位的科学论证，要具有长远的科学思考。对新科技的应用也是如此，如今转基因作物的高产、抗病虫害等优势已经得到公认，但其更长远的影响尚不明朗，这也提醒我们在推广应用时要全面考虑。

（黄英伟，中国社会科学院经济研究所副研究员；陈永伟，清华大学经济学博士后）

他山之石

李光耀与新加坡 / 陈 抗

新加坡是个既没有天然资源又没有经济腹地的岛国，面积只有700平方公里。这个小岛能够在短短几十年时间内变成一个充满活力的现代化国际大都市，可以说是个奇迹。一谈到新加坡，人们就会想起李光耀，不少人甚至会称新加坡是“李光耀的新加坡”。李先生主政新加坡五十多年，于2015年在国会议员任上去世，从政时间之长是世界政坛上少见的。他的去世使人们再次关注这样一些问题：新加坡的成功经验是什么？新加坡的发展经验对其他国家有什么借鉴意义？“新加坡模式”在后李光耀时期的前景又是什么？

李光耀的新加坡

新加坡的成功经验是什么呢？对于这个问题，可以说是仁者见仁，智者见智。从不同的立场出发，各人有不同的答案。保守政治家看到的是威权制度的成功，国企老总看到的是国有企业的高效率，政府官员看到的则是高薪养廉。大家各取所需，都贴上“新加坡经验”的标签。其实，这些所谓的“经验”有很大的局限性和片面性，经不起推敲。

首先，威权政治在新加坡只是一种过渡，并不成为一个稳定的制度。建国初期，新加坡政府无疑是一个强势政府。李光耀强调政府对百姓要有威慑作用，连小学生都要被灌输尊重当权者的观念。但是，作为一个城市国家，新加坡毕竟是个实行普选制的法制社会。在选举制度下，政府的政绩每隔五年都要经过选民的一次检收。“市长”当得好不好，不是省长或其他什么高层官员说了算，而是选民说了算。民意的监督通过民主制度起作用。况且，“市长”也不能指望被晋升到别的什么地方去当省长。长期执政的预期避免了短期行为，使领导人的事业、前途与国家治理的成效紧密联系起来，因而拥有很强的涵盖利益。执政党虽然是“一党独大”，长时期不存在被取代的威胁，但对于每个部长来说，每次选举带来的制度化不确定性还是能够起一定的鞭策作用，因为新加坡实行的是类似英国的政治体制，选不上议员就不能当部长。选票的压力使政府难免要出台一些讨好选民的政策。退休高级公务员严崇涛打了这样一个比方："开始的时候你给猴子喂花生，他们就会跟随你的节奏跳舞。现在，因为你给他们喂了太多的花生，猴子已经变成大猩猩了，你就不得不跟随他们的节奏跳舞。这就是你面临的最大的难题。"一个标榜反对民粹主义、敢于实施必要但不讨好政策的强势政府，在选民和选票的压力下，渐渐地把身段放柔软，不再处处保持威严，而且还频频向选民示好，经常给百姓发放各种"红包"，这已经不是保守政治家眼里的威权政府。

其次，新加坡的政联公司（与政府关联的公司）与国有企业也不是完全相同的概念。政联公司是按公司法成立的"私人有限公司"，有严格的破产机制。既没有企业办社会的沉重负担，也没有政府赋予的多重目标和任务，完全按照市场经济中的私人企业运作方式经营。加上新加坡的国内市场窄小，使这些公司不得不到国际市场上寻求发展，受国际市场的纪律约束，业绩好坏比较容易评估。不像一般的国有企业，可以躲在国内市场中舒舒服服地享受政府的保护，以企业的多重社会责任掩盖管理的无效率。在建国初期，新加坡拥有的主要是贸易公司，制造业几乎是一片空白。新加坡政府先是引进跨国公司，然后以国家企业家的精神积极培养自己的政联公司，与跨国公司竞争。政府当时向政联公司注资入股，目的是了增强人们的信心，鼓励私人企业进军制造业。在这方面，前财政部长吴庆瑞博士的创新精神是独树一帜的。作为财政部长，他同时又像是一位出色的风险投资家。新加坡政联公司和政府关联的方式不尽相同。有的是公私合营，例如新加坡政府出资 10 亿新元与日本住友公司共同建立了新加坡石油化工公司；有的则是公有民营，新加坡航空公司刚成立时百分百由政府拥有的，管理则完全交给专业经理人；还有一些开始时是政府直接管理的，如星展银行，国家钢铁公司，裕廊和三巴旺船厂，新科集团（前身是隶属国防部的胜利集团）。但是，分管这些政联公司的政府官员都必须与商界领袖交朋友，学习如何做生意。而有的政府高官（如林金山）本身就曾经是成功的商人。新加坡一个聪明的做法是请跨国公司的主管当经济发展局的顾问，向他们学习如何管理大企业。这里有一个十分明显的特点：新加坡的生存环境迫使政府官员学习如何适应市场规律，参与市场竞争，而不是反过来运用权力逼迫市场服从官场规矩。新加坡政府后来成立了淡马锡控股公司管理数量日益增多的政联公司，一方面为了改善公司治理，一方面还要接替财政部"国家企业家"的职责。然而，政联公司也具有国有企业的一些通病，公务员保守、害怕冒险，与企业家的激励和思维方式还是很不一样。而且，随着经济的发展，创新越来越难，像吴庆瑞那样的 "国家企业家"奇才更是可遇不可求的。政联公司的整体表现之所以不俗，与新加坡的特定环境和政府的有效管理分不开，与政府官员的廉洁奉公也分不开。

再次，和所有发展中国家一样，新加坡政府在发展的初始阶段并没有能力实行“高薪养廉”。严崇涛当公务员的起薪是每月680新元，而最高级公务员（部里的常任秘书）和部长的月薪是2，000新元左右。政务官和公务员除了薪金以外不享受任何津贴或者附加福利。这种情况一直延续到20世纪80年代后期才有所改善。除李光耀外，第一代部长们在20世纪80年代都先后退休了，他们在退休后多数过着清贫的生活。可见当时的部长和高级公务员绝对不是高薪阶层。严崇涛先生说：“那时候我们都有一种使命感，并不在乎薪水高低。目睹新加坡的成长就是件非常激动人心的事，所以我们都没有计较个人得失。我想最开始的20年大概都是这样。”当然，随着经济的发展，政府官员和公务员的薪金就必须相应调整，为他们提供较好的生活水平，让他们安心工作。必须指出的是，新加坡政府的廉洁在20世纪90年代初就已经闻名于世。可是，将部长和高级公务员的薪金与私人企业高级主管人员收入挂钩的做法是在1994年才开始实行的，它主要是为了吸引人才到政府部门服务。高薪是为求才，而养廉并不靠高薪。

没有高薪，如何养廉呢？李光耀在他的回忆录中以“铁腕护廉洁”说明廉政建设的重要性。他集中力量对付“大鱼”，实行“反贪没有例外”的铁腕政策，就连对与他共事多年的部长也毫不留情。建国初期的新加坡与其他发展中国家没什么两样，贪污腐败的劣迹处处可见。可是，经过李光耀和人民行动党政府的努力，廉洁的风气逐渐在政府部门和整个社会形成，成为一股反贪的威慑力量。新加坡小，但小有小的好处。信息容易掌握，谁的消费程度超过他的收入所能负担的范围、谁拥有与收入不相称的资产，都比较容易被发现。李光耀只要挑选20名志同道合、廉洁、能干的人加入他的执政团队，就能行之有效地在这个城市国家推行他的执政理念。

新加坡的成功经验到底是什么呢？吴庆瑞的回答是：天时、地利、人和。天时是20世纪60年代的反殖民主义浪潮。外资在当时被看成是帝国主义经济侵略的手段，到处不受欢迎。新加坡在被排除出马来西亚联邦后，国内市场太小，就业机会缺乏。为了维持生计、解决就业问题，新加坡必须发展制造业，必须变进口替代为出口导向，同时也主动吸引外资。当时，欧美的劳动密集型电子业因工资成本上升急需转移，印尼大量开采石油也需要在东南亚建立炼油中心，新加坡的炼油业和电子业这两大支柱行业就是这样发展起来的。地利是一个置之死地而后生的新加坡岛。以华人为人口主体的岛国在独立前后面临种族冲突、供水受制他人等一系列危机事件。为了生存，新

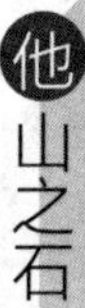

加坡必须建立自己的军队。新加坡领导人意识到，有恒产者才会有恒心。只有在新加坡拥有了不动产，军队和士兵才会为保卫自己的财产而战。于是，“居者有其屋”，公共住房、公积金、全面防卫等政策一脉相承、一气呵成。这个城市国家缩短了委托代理的链条，省去了多层级政府之间的互相扯皮，占据了上情下达、下情上达的信息优势，也约束了寻租动机和依赖思想，小国寡民的缺点反而变成了优点。人和是拥有一群廉洁正直、务实创新、思想解放、不受任何意识形态束缚的精英领袖。李光耀在政治上高瞻远瞩，牢牢掌握政局。吴庆瑞精明当家、勇敢开拓，紧紧把握岛国的经济命脉。韩瑞生睿智稳重、高效务实，保证政策的落实。新加坡建国领袖们形成一个优质领导团队，而李光耀就是把握天时、地利、人和这些有利条件的关键核心人物。

新加坡的李光耀

李光耀的领导作用首先来自他卓越的领袖资质。美国前总统尼克松曾经给过这样的评价：“李光耀是站在小舞台上的巨人。如果出现在不同的时空，他可以拥有和丘吉尔、格莱斯顿一样的世界级领袖的地位。”在新马分家之后，李光耀面临着管理城市国家的任务，有如上帝要一位园艺大师专门照料一个盆栽。从此，他的名字和新加坡的发展紧紧地联系在一起，他把毕生精力奉献给新加坡的建设。李光耀为新加坡人立下的愿景是建设一个花园式的现代化国际大都市，他以旺盛的精力和坚强的毅力带领他的团队将愿景付诸实施。他树立个人权威以保证行政系统高效的执行力，严厉对待政敌以保证实现愿景所需要的时间，斡旋于世界大国为新加坡争取更大的生存空间。当然，不管他的眼光有多长远，和所有政治家一样，他迫切希望在有生之年实现自己立下的愿景，因此难免着急、难免要偏重效率。

李光耀是魅力型领袖。他的团队中不乏像吴庆瑞这样的天才人物，可是他们都愿意辅佐左右，听从调遣。在政府财政最困难的时候，李光耀派吴庆瑞当财政部长；需要建立武装部队时，又派他当国防部长；产业升级、人才问题突出时，再派他任教育部长；到了65岁时，吴庆瑞又从副总理的职位上退休，让青年一代顺利接班。吴庆瑞对新马合并有清醒的认识，知道这对新加坡的发展不利。他的判断后来被事实证明是正确的。合并后的新加坡在招商引资、投资移民、市场准入、货币发行，甚至储备金的管理等问题上处处受制于联邦政府，无法施展拳脚。即使如此，他还是服从于李光耀的政治决定。建国一代部长们的政治忠诚度保证了新加坡在建国头20年的稳定发展，为实现新加坡的愿景奠定了坚实的基础。

李光耀的治国方式也符合新加坡的国情。在20世纪60年代，一般新加坡人的教育程度是“亚洲四小龙”中最低的。同时，作为一个以移民为主体的社会，民众有很强的自立、自救精神。在漫长的殖民统治过程中，他们习惯于服从当权者，根本不指望政府提供什么福利。在这些条件下，李光耀精英治国的理念和反福利主义的政策得以实施多年。他还以新加坡的脆弱不断向百姓灌输忧患意识，形成一股鞭策力量。邓小平说：“新加坡的社会秩序算是好的，他们管得严。我们应当借鉴他们的经验，而且比他们管得更好。”这个“管得严”后面其实有很重要的历史条件。

英语里有句俗话：“你无法与成功争论”（You can’t argue with success）。新加坡发展的成功，使李光耀在国际舞台上获得了发言权。他的睿智，在国际政坛上的丰富阅历，对地缘政治问题的敏锐洞察力，对各国利益一针见血的坦率分析，赢得许多政治领袖的尊敬。他们纷纷向他请教，他也得以充分利用这些机会为新加坡争取利益。

没有李光耀的新加坡

李光耀去世后，数十万新加坡人在炎炎烈日下排长队向他致以最后的敬意。李光耀为新加坡立下的愿景已经实现，新加坡人感激他的贡献，也为自己的国家感到骄傲，体现出很强的国家认同感。和平稳定、多元种族与宗教和谐共处的新加坡让处于各种战乱纷争的世人们羡慕不已。然而，没有李光耀的新加坡要面临什么样的挑战？李光耀的治国理念和方式又要经历什么样的转变？

首先，新加坡人已经不再接受忧患意识。新加坡和世界主要市场建立了密切的贸易联系，马来西亚与新加坡的双边贸易量对新加坡经济的影响大幅度下降，城市国家的经济安全不再因为没有经济腹地而受到威胁；新加坡通过掌握海水淡化和新生水的技术已经可以做到用水自给，不用担心被邻国断水；新加坡拥有整个区域中装备最精良、战斗实力最强的武装部队，对威胁国家安全的任何企图形成一股不可忽视的威慑力量；新加坡也积累了丰厚的储备金和品牌资本，与50年前的资源缺乏不可同日而语。这一切都拜成功所赐。可是，一些政治领袖对这个变化感到担忧，认为没有了忧患意识就无法凝聚共识、鞭策人民不断进取。

第二，新加坡人不再认同精英治国的理念。随着教育水平的提高，精英不再是那么遥不可及。人们发现“精英”的标准太过偏重于考试成绩、学历学位，质疑政府挑选行政官和部长的“选贤任能”渠道太过狭窄，不再觉得政府里的所谓精英比自己更高明。“端起碗来吃肉、放下筷子骂娘”成为一个普遍规律，参与公共治理的欲望也

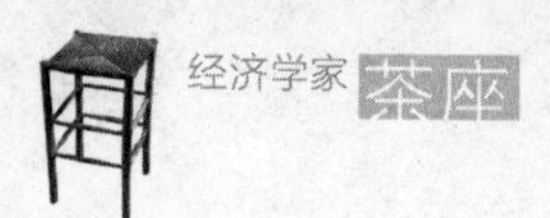

日益增强。家长式的管理已经失去政治基础。

第三，新加坡人不再接受反福利主义的政策。随着对国家认同感的加强，人们对政府提供什么样的公共物品也有了更多的要求，在教育、医疗、养老、收入、移民政策等方方面面给政府施加压力。新加坡政府显然已经意识到这个民意变化，在 2011 年大选后积极作出调整，整体政策明显地“向左转”，在提高福利、注重公平的方向上跨出了一大步。

上述变化趋势不是新加坡独有的，在一些东亚国家的发展过程中都出现过。李光耀为新加坡的高速发展采取了一些实用主义的措施，但并没有对法治和民主的框架产生结构性的影响。从这个角度看，新加坡模式是一个过渡模式。可以期待，后李光耀的新加坡在协商民主、治理创新方面会有新的突破，呈现出这个城市国家独有的鲜明特色和顽强的生命力。

新加坡经验的借鉴意义

从上述讨论中，我们可以看到新加坡经验有三个不可分割的组成部分。第一是新加坡“小”的优势。新加坡只有一级政府，委托代理的链条很短，不会出现“中梗阻”，能保证透明、高效。政府领导人同时又是国家领导人，有充分的自主权。第二点仍然与城市国家的特性有关。领导人没有升迁的奢望，必须把自身利益和新加坡的长远利益紧紧挂钩，因而有很强的意愿推动社会发展。第三是民主选举制度。没有这一条，就无法限制领导人滥用权力，就不能体现人民对施政过程和结果的真正评价。

这三点对于一个大国来说，也是很有借鉴意义的。第一是分权。应该减少条条的权力，让和新加坡大小类似的城市政府掌握地方发展的主要权力。第二是建立奖惩机制，使市主要领导人的自身利益与地方的长期利益挂钩。应当避免频繁的干部调动和交流，这容易使人产生“流寇”思想。第三是在市一级引进公正的民主选举，对主要领导人进行有效的约束，把“一把手”的权力真正关到笼子里。这三条必须同时进行，缺一不可。

新加坡的经验其实不复杂，要真正地学习却没有那么容易，要下很大的决心。

（作者系新加坡国立大学李光耀公共政策学院教授）

国际视野中养老保险制度改革的隐性债务

/ 杨宜勇　温鹏莉　王赓宇

世界上没有免费的午餐，养老保险制度改革也是如此。

一、通用的原理：制度变迁的成本—收益分析

新制度经济学代表人物L. 戴维斯和D. 诺思在《制度变迁与美国经济增长》中写道："如果预期的净收益超过预期的成本，一项制度安排就会被创新。只有当这一条件得到满足时，我们才可望发现在一个社会内改变现有制度和产权结构的企图。"林毅夫教授则进一步把制度的转变过程划分为诱导性制度转变和强制性制度转变。前者是指现行制度安排的变更、替代，或者新制度安排的创造，是由个人或群体在响应获利机会时自发倡导、组织和实行的，必须由某种在原有制度安排下无法得到的获利机会引起；而后者则由政府命令和法律引入继而实行，可以纯粹因在不同利益团体之间对现有收入进行再分配而发生。

现代政府之所以愿意推动制度变革的目的，就是要实现制度的福利或效用最大化。只要政府的预期收益高于其强制推行制度变迁的预期费用，则其将会采取行动来推动制度的确立和变革。由此，转制成本就是政府在强制推行制度变迁的过程中，由于利益的重新再分配，为了重新弥补在变迁过程中部分人的利益损失而导致的成本的发生。

二、在养老保险制度变迁中应用：隐性债务

世界银行的报告指出：养老保险隐性债务是指一个养老金计划向职工和退休人员提供养老保险金的承诺，等于如果该计划在今天即终止的情况下，所有必须付给当前退休人员的养老金的现值加上在职职工已积累并必须予以偿付的养老金权利的现值。梁君林、蔡慧、宋言奇等认为养老保险隐性债务产生于现收现付制所暗含的代际契约关系，在现收现付制下，参保人所积累的全部养老金权益是源于政府的承保和承诺，

属于政府的非长期借款，因此可以被看作是隐性债务。他们还区别了养老保险显性债务与隐性债务，认为这与养老保险模式有关。在现收现付的条件下，由于没有明确的账户记录而只是一种养老权益的承认，养老保险债务一般是以隐性债务的形式出现。相应地，在基金制下，因为有了明确的账户记录，养老保险债务以显性债务的形式存在。只有当养老保险制度发生转变时，养老金债务就由隐性转为显性。

三、智利：经验与教训

智利被世界银行视为高收入经济体。智利在新闻自由、人类发展指数、民主发展等方面也获得了很靠前的排名。

1973年智利发生军事政变，夺权后的军政府对回国的留美学生大为重视。这些深受新自由主义思想影响的“芝加哥男孩”们在改革中大力提倡私有化，不仅要求国有企业私有化，还推动养老保险制度私有化，建立完全积累制，将政府在养老保险领域的责任最小化。私有化后，个人的养老基金将市场化运行，收入的多少取决于账户内的资金多少以及投资回报率。此项制度转型带给智利的最大问题，就是如何处理养老保险制度的转制成本问题。新上台的军政府不仅没有否认旧制度下“老人”和“中人”的社会保障权益，还最早将该成本显性化。

智利处理转制成本的办法是进行增量改革，即保障“老人”与“中人”的权益，新人则加入新制度的办法。转制的成本主要来自三个部分：在新制度建立起来已经退休的职工的退休金；没有退休但决定继续留在旧制度的职工未来的退休金，以及那些决定转移到新制度中去的工人在旧制度下已经积累起来的权益。

智利政府采取了将债务分期负担的方式——发行“认可债券”。政府发行债券还清职工在旧制度下的供款，并将这些债券存入自己选择的基金公司中。认可债券的实际利率为4%，只有持有人退休或者死亡时才可以取出债券。所以可以推算出政府的当期偿还转制成本的压力并不大，而事实是，新制度建立起来之初，由于高的回报率，选择进入新制度中的“中人”十分踊跃。数据显示，大约36%的工人选择进入新制度。通过积极扩大新制度的覆盖面，也可以减少隐性债务的规模。对于已经退休的职工养老金的这部分成本，由于智利在转型之前，养老保险制度并没有到达很广的覆盖面，大部分还是集中于一些“少数的特权阶级”以及一些非独立的工人，大部分独立工人以及农民是没有养老保险制度的，所以智利的养老保险制度成本在当期的给付压力并不大。据估算，智利养老金转制成本每年按照一定GDP比重进行偿还，峰值为GDP

的4.8%，此后各年将逐步下降，到2025年债务消除。

除了发行认可债券，智利还通过出售国有企业等方式进行债务偿还。智利政府在偿还本国的转制成本过程中，将成本规模透明化，在此过程中明确了政府与个人的责任，取得了较好的改革成果。

四、波兰：经验与教训

波兰重要的地理位置以及地形导致历史上连年战火纷争，几个世纪以来波兰的版图也一再更改，而近年波兰无论在欧盟还是在国际舞台的地位亦与日俱增。

早在1927年波兰获得民族独立之后，便建立了现收现付（PAYG）的养老保险制度。1998年，波兰开始本国的养老金改革，在遵循多样化、再分配、资金积累、储蓄和逐步推进的原则上，建立了一种综合现收现付（PAYG）制度和基金制的新模式。在新制度下，缴费由雇主、雇员双方一起负担，双方各承担一半，同时实施三个支柱构成的养老保险模式。

在转型过程中的隐性债务方面，波兰养老保险制度相比智利来说是比较大的。一方面，改革前覆盖面比较广，旧制度体系下包括了很多人，制度一旦转型，就将面临巨大的旧债务；另一方面，旧制度下的替代率也比较高，这样新制度虽然得以建立，但“老人”“中人”的权益仍然需要保障。据相关机构估计，波兰1998年全国养老金的历史欠账超过当年GDP的200%，在世界范围内也属于极高的行列。

面对如此巨大的隐性债务，以至于到现在波兰每年都必须从财政中拿出一定比例的资金用于偿还。就制度改革而言，具体看来主要有以下几个方法。

第一，保留PAYG的大部分。保留PAYG的制度为第一支柱，那些出生在1948年以前的人留在旧制度中，出生于1949到1968年的人则是被允许进入旧制度体系中，同时给予他们一定选择权力，既可以留在旧制度也可以进入新制度中，而无论参加新制度还是旧制度，参保人以同样费率缴费，只是如果选择新制度，缴费将被分为两部分，一部分为第一支柱（占26%），另一部分为第二支柱（占25%）。通过建立名义账户，也就是选择加入新制度的中人与新人的账户是空的，将账户进行记录，而将当期收取的基金进行PAYG，支付当前“老人”的养老金。政府只要支出这两者之间的差额即可，从而减少转轨成本，减少政府财政每年的现金流量。

第二，政府在新制度建立的初期积极吸引更多的新人加入新制度中来，通过“扩面”在某种程度上可以将隐性债务通过制度内来消化掉。新制度覆盖了波兰全国几乎所有的人口，不仅有企业职工，还有农民、自由职业者、议会职员等。从2001年到2010年参保人数增加速度从-1.6%到0.8%。不过可以看到增长的速度是呈现逐年下降趋势，这与扩面的速度和参保人口相关。在改革前，波兰的养老保险就几乎覆盖所有人群，而新制度建立后，扩面工作就在“中人”与“新人”之间进行，随着“中人”转移新制度，新制度参保人数增长率就应该等于每年劳动力在市场的新增加的劳动力人口数，所以波兰参加养老保险的增加率呈现先下降再上升又下降的特点。

第三，通过提高退休年龄来减少养老金的隐性债务。2000年养老金缺口114.76亿波兰兹罗提，到2009年缺口484.46亿波兰兹罗提，波兰政府只能通过延长退休年龄、降低养老金替代率和财政的转移支付的办法维持基金的平衡，以此减少隐性债务的规模。在波兰，早期的退休年龄是男性60周岁，缴费满35年；女性55周岁，缴费满30年。一些特殊的职业比如矿工、法官等，可能会退休得更早。1999年的改革要求所有人必须年满法定年龄以后才能退休。但在新制度确立初期，为了减少改革阻力，波兰政府针对一些特殊职业采取一种过渡养老金的办法连接提早退休与法定退休。雇主被要求为那些过渡期的退休人员缴纳额外的1.5%的费用进入过渡养老基金中。随着过渡养老制度推行，逐渐限制了提早退休的状况。2012年波兰政府通过法案延长职工退休年龄，新的退休制度将男女职工的退休年龄统一提高到67岁。从2013年起，职工的退休年龄将每年延长3个月，这样男职工到2020年将实现67岁退休，女职工到2040年将实现67岁退休。

第四，降低养老金替代率来减少隐性债务的规模。在转轨初期，波兰的替代率提高速度一直是东欧国家中最高的。1993年波兰政府启动了“0.91”计划，即减少养老金的9%，很快就遭到了反对，1994年该项计划被迫取消。1996年，政府宣布养老金不再与工资挂钩转而与物价指数挂钩，这次改革有效地抑制了养老金债务增长的速度。

五、阿根廷：经验与教训

阿根廷是20国集团成员和拉美第三大经济体。得益于丰富的自然资源、高文化修养的人民、对外开放政策和多元的工业体，阿根廷有一个相对于其他拉丁美洲国家庞大的中产阶级群体。

20世纪60年代中期，阿根廷政府为解决养老金计划所面临的财务困境，采取了一系列措施：一是将已有的众多养老金计划整合为三种；二是提高雇员的退休年龄；三是规定养老金的缴费率为20%（其中雇员5%；雇主15%）。但到了20世纪80年代，养老金计划的财政赤字不断增长，同时失业率也不断上升，退休人口的赡养率不断下降，加之因拉美地区爆发的债务危机和经济危机导致的通货膨胀使职工的养老金不断贬值，迫使阿根廷政府对原有的养老金制度进行了私有化改革。

1994年，阿根廷议会通过了《一体化养老金法》（SIJP），规定改革后的养老金制度采用混合型养老金计划以取代原有的PAYG养老金计划。该计划的退休待遇取决于雇员的个人账户缴费积累额及投资收益。该制度通过鼓励“新人”加入新制度来消化部分的隐性债务。同时，在对“中人”的补偿问题上，该制度引入了过渡性养老金，用于补偿在旧制度下有缴费记录的雇员。政府以及新养老基金管理公司（AFJPs）大力宣传新制度，其中政府给予新参加的参保人和“中人”最大限度的自由选择加入旧制度和新制度的权利，如果参保人没有明显的偏好，则默认为加入新制度。新制度运转得很快，短短几个月的时间，就有570万人加入了新制度，随后每年新加入新制度的人口呈上升趋势。到2004年末，参加统一养老金制度的人口大约为1，138万人，占劳动力总量的69%。其中，加入私人养老金计划的有911万人，占参保人口的80%。

另外，新制度还通过对养老金的参数改革来减小隐性债务的规模。新制度在改革初期就对养老保险的退休年龄以及缴费方式做了严格的规定，改变了在改革前提前退休的混乱局面。改革方案规定，退休年龄从原来的男60岁、女55岁统一提高到65岁，在缴费年限上从15年和20年延长到30年。同时，改革方案重新规定了养老金的计发方法，改革前，养老金是根据退休前3年的平均工资计算的，新制度改为以退休后前10年的平均工资作为基础，这样可以降低养老金的数目，从而降低隐性成本的给付压力。

与智利不同的是，阿根廷并没有取消原有的公共养老保险制度，而是转为保留公共养老金计划的部分积累制度。对于“老人”部分权利的补偿，阿根廷采取了发补偿金的办法，从劳动者退休开始一直到整个退休期间逐笔支付，减轻现金支付的压力。

六、几点启示

（1）通过缩减福利、提高退休年龄与收取提前退休罚金、收紧残障福利、引入价格指数等方式进行制度改革。这样，无论隐性或显性的未偿债务都会变小。

（2）对加入新制度的成员发行可认可债券（如智利）或者许诺补充年金（如阿根廷），这样可以推迟现金补偿时间。因为只有到了退休阶段才可以兑现可认可债券，补充年金则是在退休后的期限里逐渐支付。该方法保证了职员们一定会获得养老金，

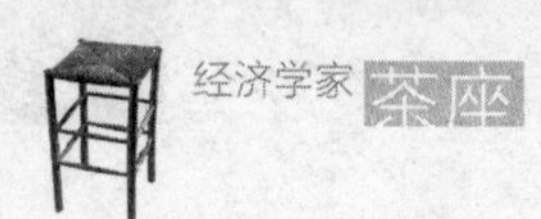

同时也保障了债券面值和利率不会降低。如果人们对新制度的信任度高于旧制度，他们（尤其是年轻员工）愿意接受对过去工作较少的补偿而加入新制度。通过劝说更多的员工加入这一计划，政府可以逐渐缩小资金缺口，节省相当数量的转型成本。

（3）仍将某些群体及其缴费保留在旧制度内，或者让所有人自由选择，只不过让新制度对年轻人更有吸引力（如阿根廷）；在新制度里仍然保留很大的PAYG成分，这样就会有较多的收入流动到公共支柱里。阿根廷采用了这个方式，用了新的均一化福利政策，制度转型相对比较成功。

（4）可以预先建立一个财政储备，用以支付部分的养老金债务。智利采用了该方法，使得制度推行初期不会遇到太大阻力，但其他国家由于面临的财政赤字过高而没有实行。

（5）部分国有企业私有化，可以利用部分变卖国有资产的资金来支付债务。

（6）减少漏缴并且增加覆盖率，可以增加制度的收入。在新制度的建立时期，让更多人加入新的养老保险制度，不仅可以解决隐性债务的问题，而且是彰显公平正义、让更多人享有社会发展成果的社会价值理念。不过需要警惕的是，新加入的参保人并不能完全解决隐性债务的问题，只是将债务偿还时间延迟了，甚至有可能这种“新债”规模大于“旧债”，这也是养老保险制度改革中特别需要注意的问题。

（7）政府还可以适时通过财政和税收（诸如开征社保税）的方式较为稳妥地推进养老保险隐性债务问题的解决。

（杨宜勇，国家发展改革委社会发展研究所所长，研究员，博士，世界经济论坛（达沃斯）全球议程理事会理事；温鹏莉，中国人民大学博士生；王赓宇，中国人民大学博士生）

北京师范大学国民核算研究院简介

国民核算可以提供对一个经济体的全面观察。在新的历史时期，国民核算已经成为国家宏观管理和社会有序运转的重要基础，一国国民核算的研究水平在某种程度上决定了国家管理和社会决策的科学、及时和准确的程度。

2011年1月23日，国民核算研究院成立仪式隆重举行

在国家繁荣发展哲学社会科学和我校支持交叉学科、应用学科发展的大背景下，2011 年 1 月，北京师范大学国民核算研究院正式成立。

作为北京师范大学独立建制的实体性研究机构，国民核算研究院肩负着科学研究、人才培养和社会服务等方面的工作。

校党委书记刘川生教授到研究院视察指导工作，与长江学者、特聘教授邱东同志亲切交谈

国民核算研究院拥有一支实力突出、结构合理、特色鲜明的经济学与统计学研究队伍。学术带头人中有长江学者特聘教授、国务院学科评议组成员、教育部科学技术委员会管理学部委员一人，教育部新世纪优秀人才二人，博士生导师四人。

在“985 工程”的支持下，国民核算研究院承担北京师范大学统计学和经济学等学科的建设任务，在经济统计学等专业培养博士、硕士研究生，并招收相关专业的博士后和国内外访问学者。

国民核算研究院致力于服务国家发展战略，与国内外有关机构合作在国际核算准则研究和中国政府统计能力建设方面进行了卓有成效的合作研究。

展望未来，国民核算研究院将继续把发展国民核算科学、培养国民核算人才、强化国民核算应用研究作为时代赋予的重要使命，努力建设成为具有国际水准的经济核算与统计科学研究中心和创新人才培养基地。

徐康宁／为什么『不患寡而患不均』？

封　进／大病医保如何应对过度消费？

梅新育／『一带一路』应是开放发展契机而非极端主义助力

熊秉元／向下扎根、向外播种——记法律经济营

杨兰品／写文章与生孩子、发文章与嫁姑娘等杂谈

李俊慧／歧视的经济学分析

李华芳／经济学为什么以及如何研究公益慈善？

梁　捷／艺术品的市场与定价

杜　创／真实世界的『柠檬市场』

刘　倩／剩女经济学刍议

聂辉华／唐僧和如来怎么激励下属？——西游记经济学之七

邹　薇／郑　浩／贫困家庭的孩子为什么不读书？

陈　宪／需要减轻税负的一个间接考证

李文溥／地方知识与一般知识

沈　凌／年底帮交通部理理财

孙广振／郢书燕说——亚当·斯密的两段文字的误译

赵学军／缺担保者借债难——农户融资难的历史探源

陈　抗／李光耀与新加坡

责任编辑／周云龙　封面设计／祝玉华

ISBN 978-7-209-09163-3

9 787209 091633 >

定价：18.00 元